法律人的思考法則

暢銷
經典版

101 Things I Learned
in Law School

Vibeke Norgaard Martin
with Matthew Frederick

跟好律師學思辨、學表達，更搞懂了法律常識

100 原點
UN-
3OO(S

獻給我的兩個女兒，
願你們總是持續提問。

—— 薇貝克Vibeke

Author's Note

撰寫這本書時，一位重要的公部門人員被控訴在旅館房間內性侵女服務員。此案例在哈佛法學院的庭審課程中，一位有名的辯護律師於模擬終結辯論時，以照片抨擊該案件辯護律師聲稱被告與女服員約會的主張。他建議給陪審團看一張輕微過重、駝背的62歲裸體男子照片。該辯護律師主張，辯方希望法院相信，這名極具吸引力的32歲女服務員，無法將自己的視線從被告身上移開，並「根本無法控制自己」。

辯護律師使用的是律師都知道，但未給予足夠重視的古老事實：一張圖片值一千字。而律師是會說話的文字。讓文字遠離律師，等於剝奪了我們最重要的工具。我們需要用話語、文字來辯論、分析和針對複雜法律概念發表具有細微差別的解釋。但是圖像不應該被忽略，它們常能提供無法僅憑文字就能迅速有效闡明的概念。

基於以上原因，我試著抓住這個機會，編寫一本附有插圖的法律入門書籍。當我是法律初學者時，我常常被自己一無所知的感覺凍結。其他學生似乎總是知道得比我還多。其他學生總是談論我不了解的術語，表現出我所缺乏的信心。而我想把那些東西都拋開並做些別的。我曾對一個同學說過，真希望能按照當初的夢想成為一名獸醫，即使只是安撫小狗入睡。

當我在大型法律事務所工作後才意識到，法律領域中存在一定的裝腔作勢。法律是一個各憑本事的環境，裝腔作勢能夠威嚇那些不傾向誇大所知的人。很有自信的企業合夥人、教授或法學院的學生都可能像我一樣被法律所迷惑和恐嚇。這本書是為了他們，以及為了那些正開始想探索複雜法律問題，但又不想讀超過3萬個字的人所設計。

薇貝克・諾加德・馬丁

目錄 Contents

致謝

Acknowledgments

Thanks to
Dale Barnes
Michael Bowen
Susanne Caballero
Mike Clough
Ellen Gilmore
Ben Goldstone
Peter Jaszi
Ian Martin
Joe Mastro
Daniel Meyers
Amy Roach
Bob Sims

Thanks to
Karen Andrews
Tricia Boczkowski
Erik Bodenhofer
Sorche Fairbank
Laura Hankin
Dorothy Heyl
Matt Inman
Conrad Kickert
Amanda Patten
Angeline Rodriguez
Molly Stern
Bruce Yandle

——薇貝克 Vibeke

——馬修 Matt

法律人的思考法則

跟好律師學思辨、學表達
更搞懂了法律常識

101 Things I Learned in Law School

第一年
怕死

第二年
讀到死

第三年
無聊到死

Law school doesn't teach laws.

法學院不只教法律。

進法學院學習不是在背誦法律，而是學會如何像律師一樣思考。

法律會變化；適當的分析方法是不變的。

O1

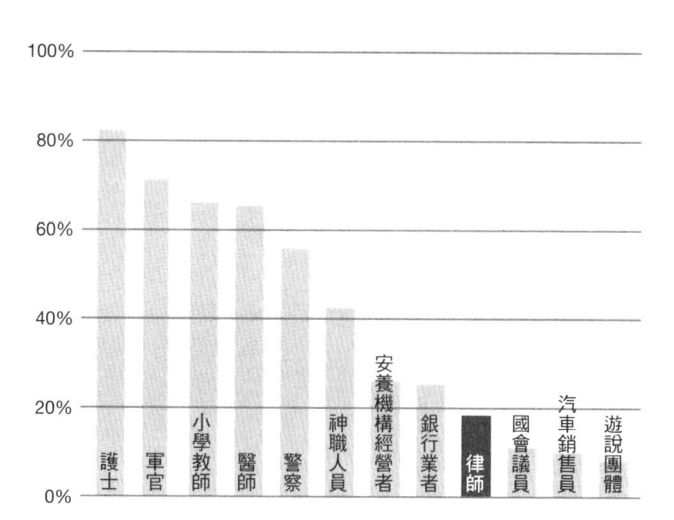

市民認為某職業之誠實與道德水準可評分為「非常高」至「高」之百分比
資料來源：蓋洛普民調（Gallup），2017

Honesty and truthfulness are different things.

誠實和真實有所差別。

誠實是指不說謊。真實則是指完全掌握事情的真相。律師在法庭上不能說謊，但沒有義務將客戶委託的案件全貌和盤托出。

O2

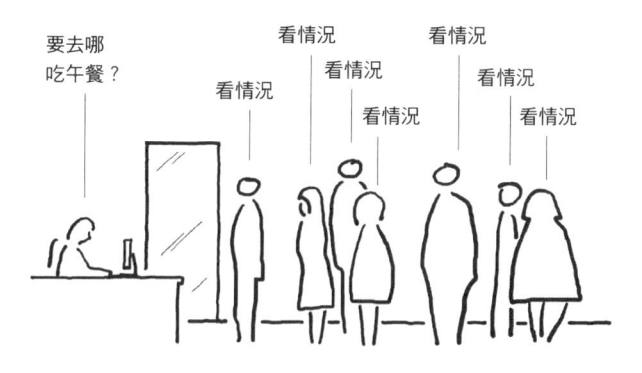

A lawyer is a contextualist.

律師是語境主義者。

con·tex·tu·al·ist / kän– TEKS– chü–ə– list / *n.* (*pl.* – ists)：語境主義者

語境主義者認為事物的意義並不在於其本質，人難以掌握事物意義的全貌。
事物的意義取決於該事物與其他事物的關係。

O3

Esquire 紳士（律師）	**Attorney** 代理人（律師）	**Lawyer** 律師	**Solicitor** 事務律師	**Barrister** 出庭律師
律師；傳統上為地方仕紳的成員	經合法授權（如「委託書」）得代表他人之人	已成為正式法律專業人	（美國以外地區）協助客戶處理審判外的法律工作	（美國以外地區）專門於法庭上進行辯護或訴訟；由事務律師雇用

You're not a lawyer until you pass the bar.

.

直到通過律師資格考試才足以被稱為律師。

「Bar」可用以指涉整個法律職業、法律專業的正式部分或律師資格考試。美國各州、聯邦、最高法院等不同的法院系統，針對通過律師資格考試的標準有別且獨立。

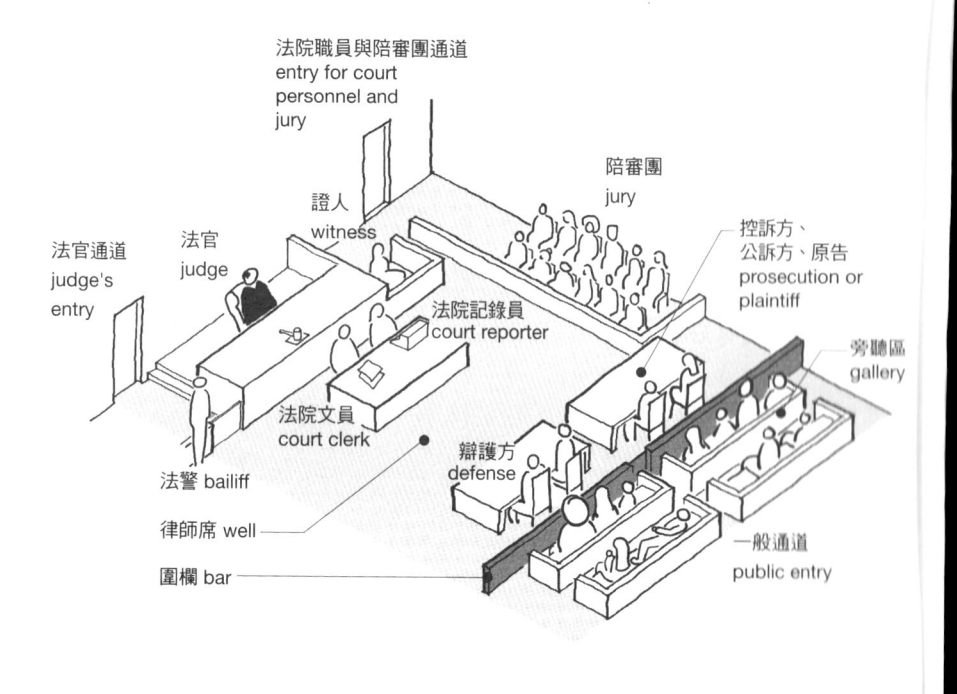

法院職員與陪審團通道
entry for court personnel and jury

陪審團
jury

證人
witness

控訴方、公訴方、原告
prosecution or plaintiff

法官通道
judge's entry

法官
judge

法院記錄員
court reporter

旁聽區
gallery

法院文員
court clerk

辯護方
defense

法警 bailiff

律師席 well

一般通道
public entry

圍欄 bar

You can't pass the bar until you're a lawyer.

成為律師才能越過圍欄（Bar[1]）。

圍欄將法庭分為兩個部分，分隔的柵欄被稱為Bar。圍欄只有律師及有律師陪同的當事人能夠跨進。因此，使用Bar來稱呼法律從業者，是因為傳統上以該圍欄劃分法庭上的旁聽者（nonparticipant）與審判活動區。

註1：bar可指法庭的圍欄以及全體法官出席的法庭，後者的用法源於bar作為「法庭圍欄」的意思。「trial at bar」指在全體法官出席的法庭上進行的審判，區別於由一名法官主持的初審；「case at bar」則指審理中的案件。（參考資料：元照英美法字典）

05

Common law
普通（英美）法系

Civil law
大陸法系

在全球框架下

Civil law
民事法

Criminal law
刑事法

在普通法系脈絡中

There are two ways to be civil.

關於「civil」的兩種意義。

世界上大部分國家的法律系統可分為大陸法系（或稱民法法系，civil law）[1]與普通法系（common law）[2]兩種。於大陸法系國家內，主要的法源依據來自立法（legislation）。於普通法系國家內，其法源可能來自法院於特定案件中做的裁判，此又稱為判例法（case law）。

普通法體系中，民事法（civil law）涉及非刑事事項，處理個人、企業、機構間的對立關係。如：不法行為、侵權行為。刑事法（criminal law）[3]則處理個人與社會的對立，由此角度評價個人對於社會的敵意行為。

註1：採用大陸法系國家包括德國、法國、日本、奧地利等等。
註2：採用普通法系的主要國家有英國、美國、澳國、加拿大。
註3：本書所稱處理個人與社會的對立係與民事法處理個人間的對立相對照。事實上，刑法所保障的法益包括個人法益（如生命、身體……）及非個人法益。

06

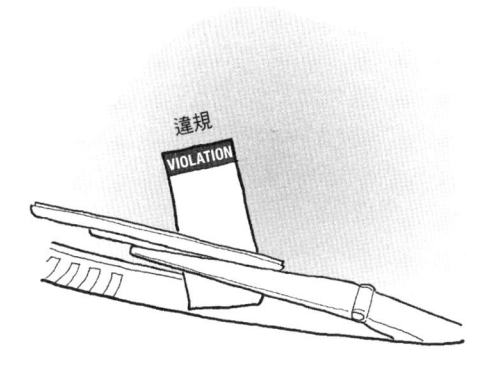

"Adversarial" isn't necessarily bad.

「當事人進行主義」不一定是壞事。

大多數普通法系採取當事人進行主義（adversary system）[1]：存在兩造對立結構、通常由專業辯護人代表兩造立場於法庭爭執。法官並不直接調查案件，僅向證人詢問、澄清不明確之證詞。

職權進行主義（inquisitorial system）[2]則由法官直接調查案件並向訴訟當事人提問。大陸法系國家通常採用；普通法系國家僅於小額紛爭中使用職權進行主義，如交通罰款和小額賠償。

註1：當事人進行主義：即對抗制。又稱抗辯式訴訟制度、辯論式訴訟制度、訴訟辯護制度、控訴制度。
註2：職權進行主義：即非對抗制，又稱糾問制。台灣雖繼受大陸法系，然近年亦受英美法影響慎深。如刑事訴訟法已於2002年採取改良式當事人進行主義，而非職權進行主義。本文僅介紹傳統上大陸法系、英美法系之差別，非指所有國家皆二擇一地採行當事人進行主義或職權進行主義。

07

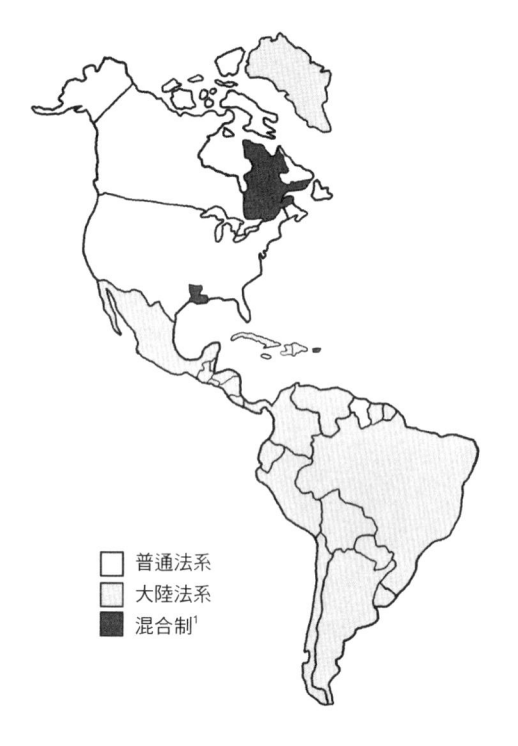

普通法系
大陸法系
混合制[1]

註1：其他採兩制並行的國家在二戰後，被英美等先進國家的法制所吸引（或殖民），而將原本歐陸法系的法制，兼容了英美的普通法系色彩。以日本與韓國為例，兩國在二戰前、後，分別受到德國（大陸法系的主要代表國）與美國法制的影響，故兼採大陸法系與普通法系，除了在憲法上重視人權的保障，也在刑事訴訟中引進了具對抗制色彩的當事人進行主義。此外，以國民參與審判為例，兩國皆參酌了英美普通法系的陪審制，且因地制宜地加以改良，日本施行了裁判員制，韓國創設了諮詢性陪審團制，兩國都期盼藉由人民參與審判的進行，使司法審判更透明化，也提升人民對法院的信賴。

All U.S. states, except Louisiana, have a primary heritage in English law.

除了路易斯安那州，美國其餘各州皆承繼英國法。

普通法系（Common law）

· 源於12世紀英格蘭

· 使用於英語系國家與前英國殖民地

· 對抗制

· 法院的判決可能成為法律，往後案件中必須遵循之

· 通常可預測，但適應性強

大陸法系（Civil law）

· 源於神聖羅馬帝國

· 使用於歐陸國家與其前殖民地

· 糾問式

· 法院針對個別案件裁判

· 重視可預測性勝於彈性

註2：**普通法系**多採不成文法、判例法，重視遵循先例原則（stare decisis, the doctrine of precedent）；**大陸法系**則多以成文法典為依據，判例雖然也有很高的影響力，但不是主要的法源依據。
註3：**普通法系**國家多採陪審團制度，引進平民參與審判；**大陸法系**則多由法官審理，人民並無參與審判的機會。

08

Constitutions	Court decisions	Statutes	Executive action	Regulations
憲法	法院裁判	制定法	行政命令	（行政）法規

主要法源
Primary sources of law

Find one good case.

尋找恰當的案例。

法律論點必須得到主要法源（primary sources of law）的支持。如果不確定從哪裡開始研究，可參考二手資料（secondary source），包括：法律詞典、百科全書、入門教科書（法律領域專門論著）、實務指南和法律評論文章。資料能為論點提供概覽，且其引用的主要法源、法律判例（precedent）也能輔助論點。一旦辨別出一個可用的判例，便可將判例輸入線上引用網站，如 Westlaw's KeyCite 或 Shepard's Citations以搜尋出大多數引用該判例之相關案件[1]。

特別感謝Bob Berring

註1：Westlaw Keycite與Shepard's Citations分別是由美國Westlaw及LexisNexis兩個大型法學資料庫所提供的服務，因為判例法是美國法律的主要法源，所以對律師及法學院學生來說，能有資料庫幫忙統整：某個判例是否仍由最高法院或由哪些高等法院支持，抑或該判例已被哪些法院所廢棄，皆會影響是否要在起訴書或答辯狀中引用該判例，以作為有利的依據；同時，藉由該項服務亦可針對對造當事人所援引的判例依據，是否仍為有利的論點，來進行攻擊防禦。
台灣的司法院法學資料檢索系統亦提供了判決查詢，詳見：https://law.judicial.gov.tw/FJUD/default.aspx

O9

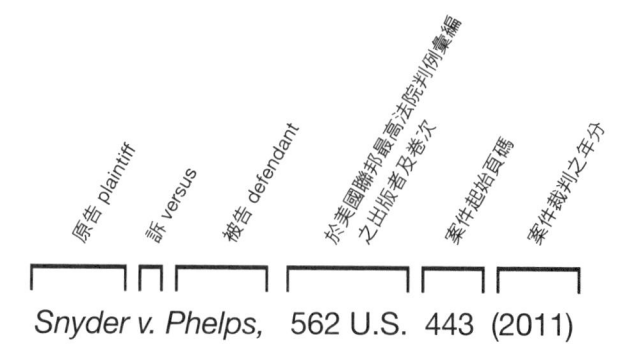

原告 plaintiff　訴 versus　被告 defendant　於美國聯邦最高法院判例彙編之出版者及卷次　案件起始頁碼　案件裁判之年分

Snyder v. Phelps,　562 U.S.　443　(2011)

斯奈德訴菲爾普斯案 562U.S.443（2011）

In arguing before a California court, one may cite an unpublished case from Texas, but not an unpublished case from California.

加州法院的紛爭處理，可能會引用德州未公開案件，但不能引用加州未公開案件。

有些法院判決會由法院公告於官方出版的**裁判彙編**（court reporter）中。美國最高法院會發布所有的判決，但一些聯邦上訴法院僅將未滿一成的判決公開發布。這些未發布的法院判決因為缺乏具約束力的判例，通常不被用作同一管轄權範圍的辯論依據。但有時一造會引用另一個管轄權範圍的未發布判決，以說服法院作出有利於自己的決定。

10

High court
高等（終審）法院

Intermediate (appeals) court
中級（上訴）法院

Trial court
初審法院

美國的三級法院系統
The three-tiered court system

An appeal to an intermediate court is a right. An appeal to a court of last resort is a request.

向中級法院[1]提出上訴是一項「權利」；
向終審法院提出上訴是一種「要求」。

初審法院為刑事和民事案件的主要審判地點。當訴訟當事人不滿意判決，有權向中級法院提出上訴。

中級法院／上訴法院通常會根據下級法院在訴訟當事人對初審法院案件提出上訴後的理由和判斷，來確定初審法官是否正確解釋和適用法律。此外，中級法院也可能會審查下級法院的事實調查。

高等法院／終審法院係由法官組成的合議庭來決定審理哪些案件。某些州有義務審理特定類型案件的上訴，如涉及死刑的案件。

註1：台灣民事訴訟與刑事訴訟均採原則三級三審，例外三級二審。第一級法院稱為地方法院、第二級法院稱為高等法院、第三級法院稱為最高法院。

11

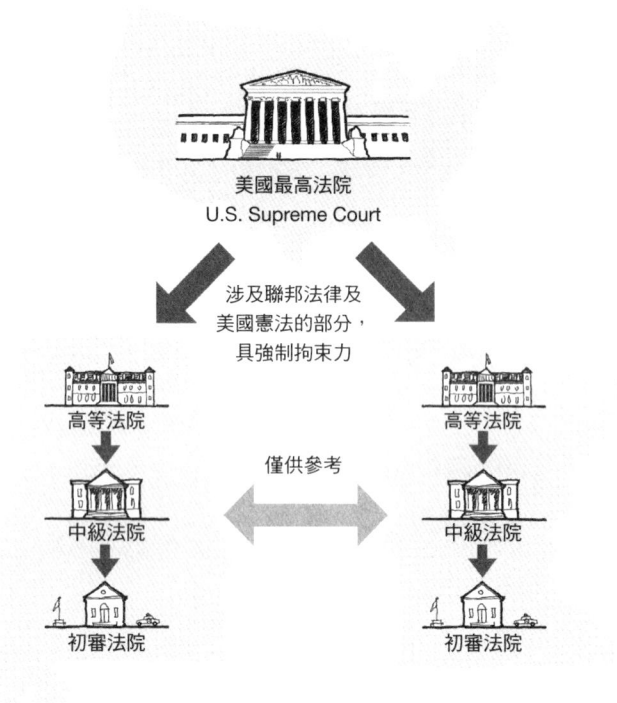

美國最高法院
U.S. Supreme Court

涉及聯邦法律及
美國憲法的部分，
具強制拘束力

僅供參考

高等法院

中級法院

初審法院

高等法院

中級法院

初審法院

註：有別於美國的聯邦及各州都設有三級三審的法院（雙軌制），台灣採單軌制，由司法院下轄大法官及憲法法庭、普通法院（主要審理民事、刑事案件，包含：最高法院、高等法院與地方法院）、行政法院（採三級二審，編制有最高行政法院、高等行政法院，而於地院僅設行政訴訟庭，審理簡易訴訟程序及交通裁決等事件）、智慧財產法院及公務員懲戒委員會。

An Alabama Supreme Court case is not mandatory authority in a
Minnesota court.

阿拉巴馬州最高法院的案件，
對明尼蘇達州法院沒有強制拘束力。

州最高法院受：
（1）自己先前判決拘束、
（2）就涉及聯邦法律、美國憲法的部分，受美國最高法院相關先前判決之拘束。

州中級（上訴）法院受：
（1）自己先前判決約束、
（2）該州高等法院先前判決拘束、
（3）就涉及聯邦法律、美國憲法的部分，受美國最高法院相關先前判決之拘束。

州初審法院受：
（1）自己先前判決拘束、
（2）初審法院所在地區的中級法院之先前判決拘束、
（3）該州高等法院先前判決拘束、
（4）就涉及聯邦法律、美國憲法的部分，受美國最高法院相關先前判決之拘束。

12

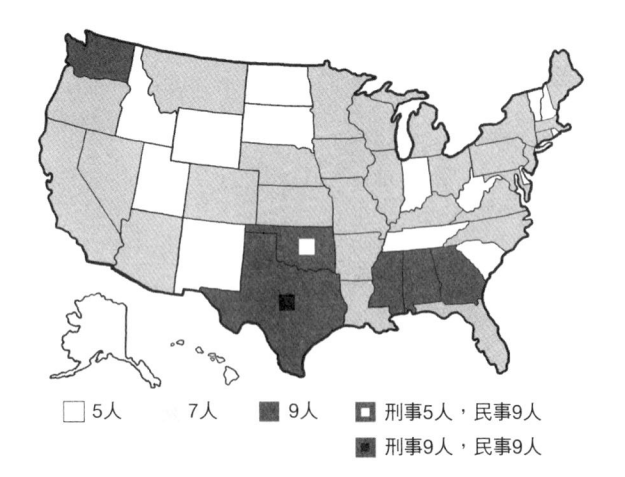

5人 7人 9人 □ 刑事5人，民事9人

刑事9人，民事9人

各州高等法院的法官人數
Number of state high court justices

A supreme court might be the lowest court.

「最高」法院有可能是最低審級的法院。

各州法院系統的命名方法並非一致。初審法院可能又稱為巡迴法院（circuit court）、高級法院（superior court）、普通法院（court of common pleas）。加州及其他州的中級法院稱為上訴法院（the Court of Appeals）。馬里蘭州的中級法院稱為特別上訴法院（the Court of Special Appeals），最高審級的法院（the highest court）則稱為上訴法院（the Court of Appeals）。紐約最高審級的法院是上訴法院（the Court of Appeals），且最低審級的法院稱為最高法院（the Supreme Court）。

德州和奧克拉荷馬州各設有兩個終審法院：最高法院（Supreme Court）處理民事案件、刑事上訴法院（Court of Criminal Appeals）處理刑事案件。

13

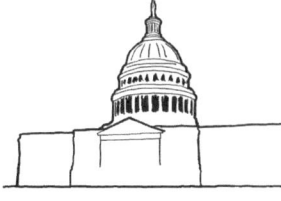

Executive branch
行政部門

Legislative branch
立法部門

Judicial branch
司法部門

透過行政命令
有限度地制定法律

透過立法
制定法律

透過對紛爭的裁判
制定法律

Requirement of a controversy

爭議的必要性

美國政府仰賴司法、行政、立法三權分立來維持相互制衡。司法權否決其他部門的權力有所限制，只有在爭議發生、案件進入法院時，司法權才能啟動。

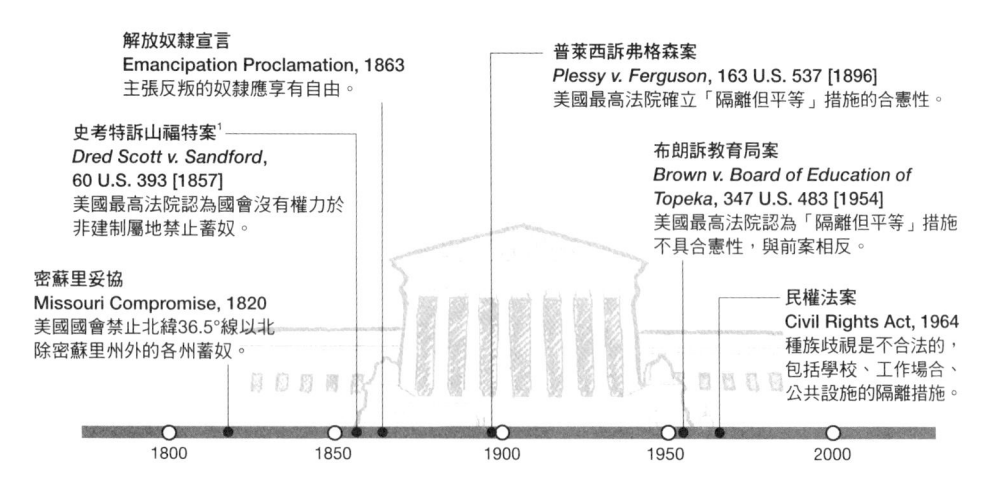

解放奴隸宣言
Emancipation Proclamation, 1863
主張反叛的奴隸應享有自由。

史考特訴山福特案[1]
Dred Scott v. Sandford,
60 U.S. 393 [1857]
美國最高法院認為國會沒有權力於
非建制屬地禁止蓄奴。

密蘇里妥協
Missouri Compromise, 1820
美國國會禁止北緯36.5°線以北
除密蘇里州外的各州蓄奴。

普萊西訴弗格森案
Plessy v. Ferguson, 163 U.S. 537 [1896]
美國最高法院確立「隔離但平等」措施的合憲性。

布朗訴教育局案
*Brown v. Board of Education of
Topeka*, 347 U.S. 483 [1954]
美國最高法院認為「隔離但平等」措施
不具合憲性，與前案相反。

民權法案
Civil Rights Act, 1964
種族歧視是不合法的，
包括學校、工作場合、
公共設施的隔離措施。

1800　1850　1900　1950　2000

註1：一般認為本案是造成美國南北大戰的主因。

Sometimes the U.S. Supreme Court overrules the U.S. Supreme Court.

美國最高法院有時會推翻自己的見解[2]。

隨著社會進步，法院於先前判決中的正義觀將會與今日有所差別。正義觀的演變推動法院推翻其先前判決。然而，法院推翻自己時並不意味著重新書寫見解；而是在與先前判決相衝突的案件中，以相反的見解建立新的判決。

註2：台灣的最高法院推翻自己先前見解的情形亦屢見不鮮，值得注意的是，為提升司法的透明與公信力，於108年7月4日最高法院施行了「大法庭制度」，以求最高法院統一法律見解的討論過程，能對外公開、採言詞辯論程序，而有檢察官、律師與學者專家參與並表達意見。相較於過往的判例與決議由最高法院閉門作成，大法庭制度的施行取代了過往的判例與決議制度，象徵著司法亟欲拉近與人民的距離，及一個民主社會中，法院的角色也不斷與時俱進。

關於大法庭制度，詳情可參閱：https://www.judicial.gov.tw/tw/cp-1578-58280-8179d-1.html

15

註1：1892-1954，傑克森在大法官任內，曾在二戰後紐倫堡大審（1945-1946）中，因擔任美國首席檢察官而聞名。美國州與聯邦都有三級三審的法院組織，但是州法院的判決，依案件特性，有些重大或違憲的案件是可以上訴到聯邦最高法院的，傑克森大法官這句話是在點出：聯邦最高法院所做的決定（尤其是推翻州法院的決定），並不是絕對正確的，所以他說聯邦最高法院的見解如果不是最終的，也很有可能會被推翻。這些陳述只是在表達最高法院的謙抑性，可配合第15則的註釋中有關大法庭制度的介紹，台灣的最高法院在統一見解時，也慢慢希望融合檢察官、律師與學者專家的意見，並且採公開辯論的程序作成，其實也可與傑克森大法官的謙抑思想相結合，也就是說最高法院不因是終局的審判機構，就一定永遠是對的，最高法院的決定也會面臨質疑與挑戰，甚至最高法院也常常推翻自己的判決。此外，最近台灣的司法院大法官解釋會議，關於同性婚以及通姦除罪化，都召開了公開的、媒體即時連線的言詞辯論程序，再再顯示出最高司法機關不再是閉門造車，而期盼他們的決定可以更謙抑、與民眾的關係更接近，也更經得起考驗。

參考連結：

https://www.youtube.com/watch?v=Ivq2675Fvrg

https://www.cna.com.tw/news/asoc/202003310023.aspx

"There is no doubt that if there were a super–Supreme Court, a substantial proportion of our reversals of state courts would also be reversed. We are not final because we are infallible, but we are infallible only because we are final."

——ROBERT H. JACKSON

「如果有一個超級最高法院存在，推翻州法院的裁決也將被推翻。我們不會是最終的，因為我們是無謬的；但我們僅因為我們是最終的，我們才能是無謬的。」

——勞勃・H・傑克森[1]
美國最高法院大法官（1941-1954）

16

瑟古德・馬歇爾（Thurgood Marshall）律師[1]，
於1967年成為第一個擔任美國最高法院法官的非裔美國人。

註1：1908-1993，於1967-1991擔任美國最高法院大法官前，曾為布朗訴教育局案中的原告律師，主張南方各州實施的種族隔離政策違反美國憲法第十四修正案，在最高法院獲得勝訴。布朗訴教育局案因宣告種族隔離政策違憲，而成為美國歷史上一個里程碑式的判決，此判決也保護了馬丁・路德・金博士等民權活動人士。他的經典名言：「因為這是你的國家，當你看到不公平的事，就應該大聲說出來！」（資料來源：維基百科）

Brown v. Board of Education of Topeka, 347 U.S. 483 (1954)

布朗訴教育局案（1954）

自1863年的解放奴隸宣言以降，美國政府支持各類種族隔離政策。於普萊西訴弗格森案（*Plessy v. Ferguson,* 163 U.S. 537 [1896]）中，美國最高法院認為提供美國黑人隔離設施符合第十四條修正案。

1951美國黑人學童的家長於聯邦法院向堪薩斯州的托皮卡（Topeka）教育委員會提起訴訟。家長主張種族隔離政策會提供孩童較差的教育品質。法院反對原告的主張，認為托皮卡提供隔離黑人和白人的教育是平等的。

原告上訴後，美國最高法院以9比0的投票結果認為該隔離黑白人學童的政策是違反憲法的，也就推翻了早先在普萊西案中的見解。

法院於判決中引用了許多二手資料，包含：
· 繆達爾（Gunnar Myrdal）所著的《美國的困境：黑人問題與現代民主》（*An American Dilemma: The Negro Problem and Modern Democracy,* 1944）
· 心理學家克拉克夫婦（Kenneth and Mamie Clark）利用社會學研究方法「娃娃實驗」（Doll Test）表明，種族隔離對於黑人學童有負面的心理影響。

17

Small claims
小額索賠法院[1]

處理私人間
小於10000美元的紛爭

Probate
遺囑認證法院[2]

處理死者的財產

Family
家事法院

離婚、贍養費、
子女扶養、監護、收養

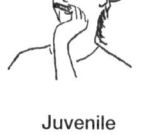

Juvenile
少年法庭

未成年人犯罪

Traffic
交通法院

違反交通法規行為

Municipal
市政法庭

地方法規

有限管轄權的州法院
State courts of limited jurisdiction

註1：台灣相類的民事訴訟程序為小額訴訟程序、簡易訴訟程序。原告向被告請求給付的內容，是金錢或其他代替物或有價證券，而且請求給付的金額或價額，在新臺幣十萬元元以下的訴訟事件，原則上適用小額訴訟程序。原告向被告起訴請求給付的內容，是屬於財產權，其請求的之金額或價額在新台幣50萬元以下者，原則上適用簡易訴訟程序。
註2：在台灣，遺囑公證可由地方法院公證處或民間公證人事務所辦理。

Federal courts have limited jurisdiction.

聯邦法院[3]的管轄權有限。

聯邦法院只能審理兩種類型的案件：

多元管轄案件（diversity cases）：訴訟當事人具有不同公民身分的案件（如不同州的居民），且潛在的損害額超過75,000元美金。

聯邦問題案件（federal question cases）：如涉及國際條約、美國政府、美國憲法、聯邦法規和州之間爭端的案件。

另有管轄權有限的州法院，有時稱為**特別法院**（special courts）。大多數案件由法官而非陪審團審理。普通管轄權法院有時會審理有限管轄權法院的上訴。

註3：第12則曾提過美國的法院採各州與聯邦各自獨立的三級三審法院制度，這是因為美國政府採取聯邦制，把無涉聯邦問題或需要因地制宜的案件，交由各州法院審判，所以聯邦問題案件，都是一些涉及聯邦政府立於中央的地位，來管理整個國家的事項。至於台灣，因為小國寡民，也非聯邦制的政府組織，所以採取單軌制的司法體系，交由司法院下轄的各級法院掌管各類型案件的審判即足。詳情另可參考維基百科「美國法院」詞條。

18

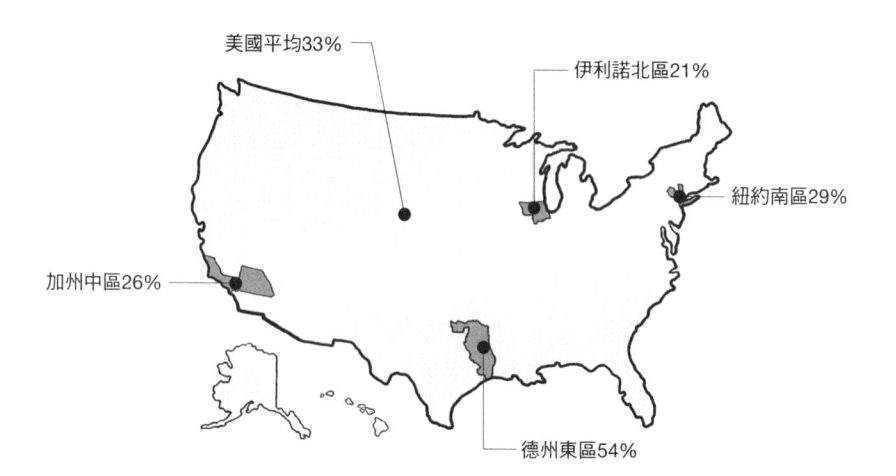

聯邦專利侵權案件中，專利權人的勝訴率（1997-2016）
資料來源：2017國際會計師事務所普華永道（PwC）專利訴訟研究

Erie Railroad Co. v. Tompkins, 304 U.S. 64 (1938)

伊利訴湯普金斯案（1938）

哈里・湯普金斯（Harry Tompkins）某晚走在賓夕法尼亞州的伊利鐵路（Erie Railway）上，被經過的火車撞倒，火車輪壓傷了他的手臂。賓州的法律認為闖入者湯普金斯須證明伊利鐵路的行為具「放任的過失」（wanton negligence）。但湯普金斯於伊利鐵路法院所在的紐約聯邦法院提起訴訟，該法院認為湯普斯金僅須證明伊利的行為具「普通過失」（ordinary negligence）。湯普金斯成功提出符合聯邦法院標準的主張。

伊利鐵路的上訴最終到達美國最高法院，美國最高法院認為法院必須適用事件發生州所認定的法律。最高法院的裁決限制了當事人**選擇法院**（forum shopping）的可能。選擇法院係指一方當事人選擇某一特定法院進行訴訟，以獲得最有利的裁判。不過，在某些類型的案件中，當事人可以訴諸多個聯邦法院，例如專利侵權的訴訟當事人。但2017年最高法院認為，專利訴訟必須在被告所在的司法管轄權範圍內提起訴訟，或是在牽涉侵權指控、並在該地擁有固定營業組織的司法管轄區提起訴訟。即便如此，美國人持續於情況允許時選擇法院——例如在對原告較為有利的英國提起誹謗訴訟。

19

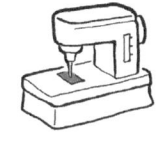

Patent
專利

Copyright
版權

101 Things
I Learned®

Trademark
商標

Trade secret
商業秘密

智慧財產權
Intellectual property rights

A copyright doesn't protect an idea.

版權不是在保護想法。

版權只能保護「想法的有形表達」，而非保護想法本身。如果某個劇本受版權保護，其他人未經許可不得擅自複製、使用、分割部分。擁有版權不代表能夠阻止其他人秉持相同想法來寫劇本。法律允許使用他人有價值的想法看似不公平，卻符合社會的最大利益。如此一來，能鼓勵老百姓依新想法採取行動，而不是駐足於想法本身。

2O

The law creates fictional characters.

法律創造虛擬角色。

蛋殼腦袋（薄頭骨）[1]原告（the eggshell [thin skull] plaintiff）：被告可能須對原告的無法預見和罕見的反應負責。如疏忽刮傷血友病的人可能須對原告所受的傷害承擔責任，即使對另一個人來說同等程度的傷害所造成的結果較為輕微。

可生育的八十歲[2]（the fertile octogenarian）：財產和信託法假定女性直至死亡都能生育。

法人（the corporation）：抽象的實體。可以像自然人一樣擁有財產、訂立契約、起訴和被訴，並根據民法和刑法承擔責任，甚至享有某些憲法權利。

理性人（the reasonable person）：假想特定情況下訴訟當事人或對造會做的行動。如過失案件中假設理性的人會明智且不拖延的行動。

註1：係指被害人體質特殊，通常對正常人不會造成傷害的打擊，卻會造成對該人的致命損害。法律要求必須接受每個個體的特徵，即使受害人的體質不正常或過於脆弱，如頭蓋骨薄如蛋殼，嫌犯還是要對他的傷害行為負責，且應當適用過錯責任，而非公平責任。
註2：指法律依照生理機能限制女性可生育年齡之上限。

21

Institutions
機構

Trustees of estates
財產信託

Corporations
公司

Infants (via guardian)
幼兒（通過監護人）

Municipalities
市府

Individuals
個人

常作為提起訴訟的當事人
Parties that often have standing

You have to stand to sue.

原告的起訴資格。

起訴資格是指原告可以請求法院審理並裁決法律爭議的資格。而原告要具有起訴資格，通常必須滿足三個條件：

1 **原告須受到傷害或有立即的危險。**

2 **被告須造成原告之傷害。**如果無法將所受損害歸因於被告的行為，或者該損害是由未在訴訟中提及的第三方的行為所造成，原告會失去起訴資格。

3 **傷害須可通過法院補救。**法院的有利裁決必須有可能補償原告或修正原告所引用的錯誤。

22

"A ship has a legal personality, a fiction found useful for maritime purposes. . . . So it should be as respects valleys, alpine meadows, rivers, lakes, estuaries, beaches, ridges, groves of trees, swampland, or even air that feels the destructive pressures of modern technology and modern life. . . . The voice of the inanimate object, therefore, should not be stilled."

——WILLIAM O. DOUGLAS

「船隻擁有法人格，能在涉及海事目的時發揮作用⋯⋯而山谷、高山草甸、河流、湖泊、河口、海灘、山脊、樹木叢、沼澤地，甚至是於現代科技和生活壓力下瀰漫壓力的空氣，都應被同等看待⋯⋯無生命體的聲音不應該被靜默。」

——威廉・道格拉斯[1]，美國最高法院大法官
於山脈俱樂部訴莫頓案（*Sierra Club v. Morton*, 405 U.S. 727 [1972]）中提出的反對意見。

註1：1898-1980，曾擔任美國最高法院大法官一職長達36年又209天，是歷史上任職時間最長的最高法院大法官，《時代週刊》在1975年稱道格拉斯為最高法院中最堅定的自由派大法官。

23

丹佐·華盛頓（Denzel Washington）在電影《費城》（*Philadelphia*, 1993）中
飾演的律師喬·米勒（Joe Miller）[1]

註1：《費城》是一部根據1987年美國第一宗因愛滋病歧視案子所改編的電影，主角安迪為一位罹
患愛滋病的同性戀律師，喬為其辯護律師，主要在探討尊重人權的問題。

Explain it to an eight-year-old.

向八歲小孩解釋。

案件的「骨架」是指──必要的事實、結構以及能夠支持你立場的論點，必須讓人能輕易理解。如果你能向小孩解釋，那麼就能向陪審團解釋。

24

A lawyer is an incrementalist.

律師是漸進主義者。

即使是最新創的、具侵略性的、最原始的法律論點，也都基於先前的法院案例、憲法、現有法規的結構。該結構看似造成限制，但實際上為法律領域提供了在專業框架下發展的機會——從已經建立的起點，一步一步不間斷地循序漸進發展論證。

25

案件理論

案件理論是指基於訴訟當事人立場最合理的情節。當事人對案件的主張，須組織與呈現出圍繞案件的重點，並去除不相關的部分。我們必須同時考量邏輯與情感：主張須與法官或陪審團會接受的每一個證據一致，並將法官和陪審團是否有可能採取訴訟當事人的主觀立場納入考量。口頭辯論、口供證詞、案件研究的過程中，只需一個由幾句話組成的主張便能指引你，告訴你在哪裡、你該走向何方。

- 「我的客戶殺死了夫妻關係疏離的丈夫。她被配偶虐待，並且知道他要來她家殺死她。她採取的行動屬於自衛。」

- 「被告有意向我的委託人隱瞞信息，且被告知道我的委託人只要不知道契約就不會簽約。」

- 「當被告開槍且造成兩人死亡時，人群正在丟雪球。人群丟的是雪球，不是岩石。被告反應過度，被告必須被究責。」

26

Insight doesn't arrive head-on.

洞察力不能速成。

對於迅速掌握最新情況、表示理解並持堅定立場的人保持懷疑。形成深刻見解需要長時間的討論、研究、分析、合理化和反駁，難以在直接或首次攻擊問題時完足。如果有人能剛好快速理解一個複雜的事件，他更有可能是迅速地**誤解**了整個事件。

27

"I made three arguments in every case. First came the one I had planned—as I thought, logical, coherent, complete. Second was the one actually presented—interrupted, incoherent, disjointed, disappointing. The third was the utterly devastating argument that I thought of after going to bed that night."

——ROBERT H. JACKSON

「我會為每個案件發展三種論述。第一種是事前計畫好的，它會是符合邏輯的、連貫的、完整的。

第二種則是實際呈現的，會是斷裂的、不連貫的、脫節的、令人失望的。第三種是我睡前想到的壓倒性論述。」

——勞勃・H・傑克森，〈於最高法院辯護：有效表達案件之建議〉

（Advocacy Before the Supreme Court: Suggestions for Effective Case Presentations, 1951）

28

律師只有在獲得法官允許的情況下才能接觸證人。

Give your witnesses a home base.

給予證人明確的立場。

當對造律師提出未預料到的提問、使用證人未預料的措辭、提出對證人可信度的質疑時，證人往往不能保持鎮定。

因此需要為審判中的證人確立出庭作證時的明確的立場。明確的立場不是經過排練的答案，而是證人與案件核心位置相關的關聯與知識。即使審判中的情況與預想有所不同，明確立場的存在仍可直接支持案件的核心主張。

29

你那天有和Natalie一起吃午餐嗎？　　　有

誘導性問題

你可以在法院陳述你當天做了什麼嗎？

我原先打算和Natalie一起吃午餐和做指甲。走在路上時，我看見店面陳列了件非常可愛的衣服。我只想試穿一下，便走進店裡了。這時，我發現我忘記與Natalie的約定，所以我對店員說，請幫我保留這件衣服，等吃完午餐後再回來買。如此一來，我就不會遲到了……

非誘導性問題

A hostile witness can be helpful.

敵性證人[1]也可以很有用。

友性證人（friendly witnesses）是作證以支持己方主張的人。**敵性證人**（hostile witnesses）則支持對造的主張。律師詰問時只能對敵性證人進行**誘導訊問**（leading questions），即只能回答是否之問句。不過，當友性證人迴避或不合作時，律師可請求法官將友性證人視為敵性證人。如果該請求獲得批准，律師可以進行誘導訊問，使律師更緊密地控制訊問過程。

註1：同一證人屬於敵性或友性證人會因為訊問者不同而有別。對律師／被告而言若為友性證人者，對檢方／原告則屬敵性證人。

30

影片中的人
是你嗎,強
納森?

是的

我們可以在影片
中看到你出現的
時間對嗎?

是的

但你卻和警察
說當時你在床
上不是嗎?

是的

那不就表示你這傢伙
在說謊#$@%&*?!

Avoid asking a question in court if you don't already know the answer.

不要在法庭上問不知道答案的問題。

對審判中所得到的回答不應該感到驚訝,最好在審判前就搞清楚答案是什麼。

若某問題的答案很明顯且對自己的案情有利時,最後的選擇可能是不問該問題,而是將整個問題懸置在法庭中。

31

彈劾證人[1]的方法

偏見（Bias）：指出證人正在根據豁免協議（immunity agreement）[2]或認罪協商（plea bargain）[3]作證，與涉案人員有私人關係，或正以專業獲取報酬。

矛盾（Contradiction）：指出證人的證詞與其他證人或證據不一致，與證人先前的陳述相抵觸（例如，宣誓作證），或是具選擇性的、不完整的。

品格（Character）：指出證人在其他陳述或行動中是不誠實的，或表明人涉及誠信的刑事案底。

局限性（Limitations）：指出證人的視野是模糊的，或證人由於精神上無行為能力或酒醉導致記憶不可靠。

專家（Expertise）：指出證明書不適當或不能精確得出待證事實，或由專家評估的證據是否純正仍有疑慮。

註1：彈劾證據，用以削弱或減低有證據能力之證據的證明力。
註2：證人本身可能有犯罪嫌疑時，與檢察官達成協議，若其就以他人為被告的案件出庭作證，則可換取檢察官不起訴該名證人的豁免條件；訴訟當事人或辯護人則可藉此豁免協議的存在，來向庭上彈劾證人，以質疑該證人之證詞的可信度（因為證人可能藉扭曲事實，以豁免自身的刑事責任）。
註3：此種情形如同上述豁免協議，只是此時檢察官與證人達成的協議，並非豁免協議的不起訴，而是改起訴比較輕刑度的犯罪，例如檢察官起訴的罪名，由過失致死罪減輕為故意重傷罪，或者原本應起訴5年有期徒刑，降低為求處緩刑。由於此種協議的存在，都可能降低該名證人所言的可信度（證人可能以經扭曲的證詞，來換取檢察官從輕量刑），所以可以援引為彈劾該名證人證詞的方法之一。

32

Witnesses were once "suits."

證人曾被稱為「起訴者」。

在英格蘭於12世紀建立連貫的法律制度之前，原告（plaintiff）須向當地決策者**提起訴訟**（bring a suit）來確立主張，起訴的方式是由一群證人支持原告對被告的主張。因此從字面上解釋，「原告」一詞即為向審判者「提告」的意思。

33

Trial
審判

在法庭上審查證據、
確定裁斷的正式程序

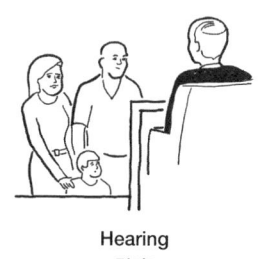

Hearing
聽審

決定特定事項的
較不正式的行政程序

Put some length in your briefs, but keep your motions short.

案件摘要保持長度，申請則需簡短。

申請（motion）是在法律程序之前、之中或之後向法院提出的書面或口頭請求，以特定案件事實，例如駁回特定證詞（disallow certain testimony）[1]、駁回起訴（dismiss charge）[2]、要求重新審判（request a new trial）[3]。申請應維持簡短、簡潔，以便法院可以理解所要提出的內容。**案件摘要**（brief）用來說明聲請，包括有說服力的書面文件、某些法律解釋和事實論據。摘要是律師除了口頭陳述外，唯一可向法院提出辯護的手段。

註1：例如，有些證詞涉及到律師與客戶之間的保密特權，則可請求法院拒絕這種證詞出現在法庭上，以保護當事人的權益；又如在審前程序（pretrial procedure），律師可以針對某些極可能誤導陪審團或過分煽動、帶有偏見的證詞，請求法院禁止這些證詞出現在法庭，以求陪審員能夠公正客觀地審理案件。
註2：被告或其辯護人可以請求法院，因為檢察官起訴時所援引的證據，並不足以證明被告犯罪事實的成立，所以法院得駁回檢察官的起訴；又如於民事案件中，當事人一方可基於應訴的便利性，援引審判地不合適（improper venue）的規定，來請求法院駁回起訴，並移轉管轄到其他更便利當事人應訴的法院（美國聯邦民事訴訟規則Federal Rules of Civil Procedure第12條參照）。
註3：以刑事審判為例，如果在判決做成之後三年內，有發現新事實與新證據，法院得依當事人申請或逕依職權重新審判（美國聯邦刑事訴訟規則Federal Rules of Criminal Procedure第33條參照）。

34

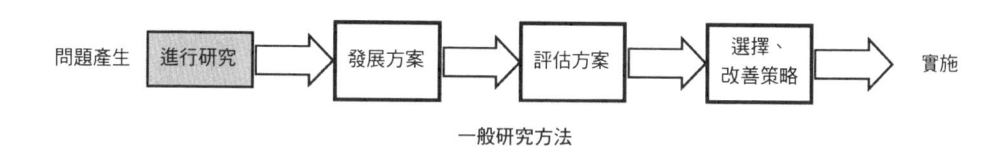

一般研究方法

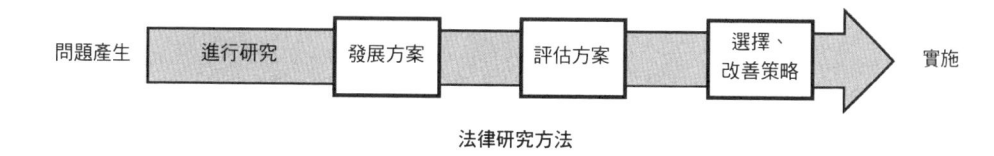

法律研究方法

Research isn't finished until the deadline arrives.

截止日期到來前，研究不會結束。

研究應是主要而非僅為初步的活動。透過研究可發現支持、反對、減輕反方某論點的法律。直到辯論終結為止，新的判例會不斷出現。

特別感謝Bob Berring

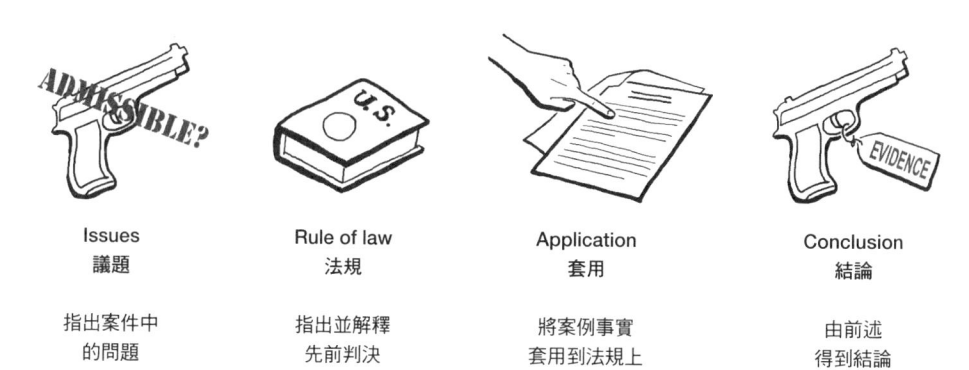

Issues 議題	Rule of law 法規	Application 套用	Conclusion 結論
指出案件中 的問題	指出並解釋 先前判決	將案例事實 套用到法規上	由前述 得到結論

以IRAC*的排序組成論點

*IRAC為議題（Issues）、法規（Rule of law）、套用（Application）、結論（Conclusion）這四個字的首字母縮寫，為法律人常用的分析方法。

Writing isn't recording your thoughts; it's thinking on the page.

在紙上思考：書寫不是用來記錄想法。

結構良好的論點很少會與其一開始的樣貌相同。有效的書寫不是記錄預料中的論證過程；而是發現什麼需要成為論點的過程。透過寫作、思考、研究、重寫、重新思考和再次重寫，便能發現並提出新的論點。

36

Every judgment I write tells a lie against itself. . . . The actual journey of a judgment starts with the most tentative exploratory ideas, and passes through large swathes of doubt and contestation before finally ending up as a confident exposition purportedly excluding any possibility of error. The erratic, even contradictory pathways, are hidden."

——ALBIE SACHS

「每個判決都在自欺欺人或是自圓其說……判決的實際過程從最初步的探索性想法開始，纏繞著大量的疑問和爭論，最終宣稱已排除任何錯誤的可能性。該宣稱遮蔽了過程中蘊含的矛盾與不確定性。」

——奧比・薩克思[1]，前南非憲法法院大法官

註1：1935-，年輕時曾參與廢除種族隔離運動而被炸彈炸傷，失去一條手臂、一眼視力。薩克思草擬了南非憲法的人權憲章，並出任大法官，南非憲法法院因此被認為當代轉型正義的典範。2014年獲得首屆唐獎法治獎。

37

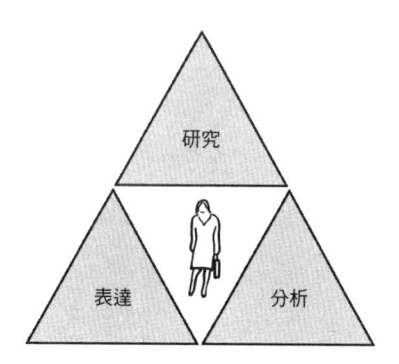

律師所需的技能

Good argument trumps good facts . . . if you're a student.

作為學生，好的論點勝過好的事實。

理想中律師需要良好的事實、良好的法律和良好的論點。學生能夠從三者中受益，
但於三者之上，必須發展並展示具有提出良好論點的能力。無論事實與法律如何，
學生都必須證明自己可以利用現有的資源使人信服，支持或駁斥某一立場。

38

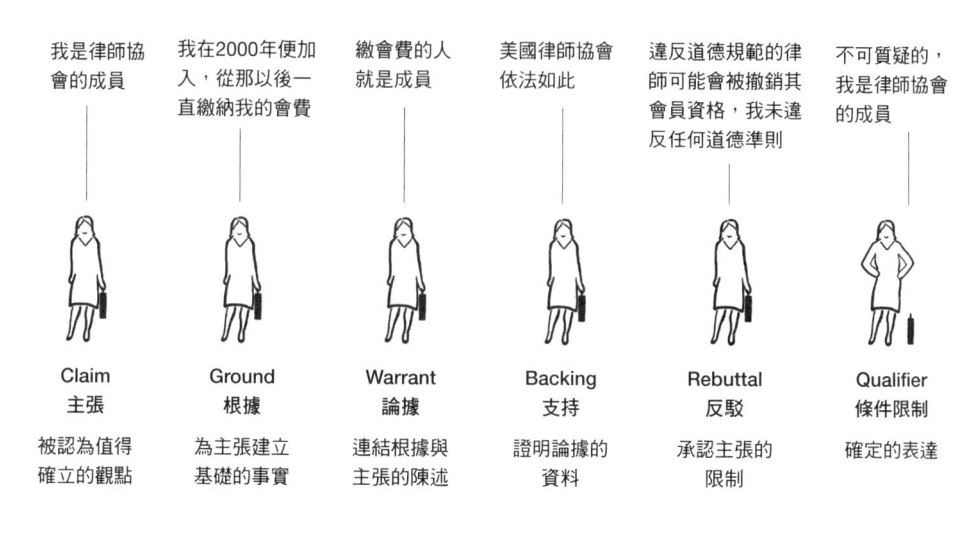

Claim	Ground	Warrant	Backing	Rebuttal	Qualifier
我是律師協會的成員	我在2000年便加入，從那以後一直繳納我的會費	繳會費的人就是成員	美國律師協會依法如此	違反道德規範的律師可能會被撤銷其會員資格，我未違反任何道德準則	不可質疑的，我是律師協會的成員
主張	根據	論據	支持	反駁	條件限制
被認為值得確立的觀點	為主張建立基礎的事實	連結根據與主張的陳述	證明論據的資料	承認主張的限制	確定的表達

Toulmin論證模式

摘自圖爾明・史蒂芬（Toulmin, Stephen）《論證的應用》（*The Uses of Argument*），
取自劍橋大學出版社（Cambridge University Press）2003年之版本。

Don't try to prove you are objectively right; show that your position is preferable to the alternative.

別試圖證明自己是客觀正確的，僅需表明己方立場優於對造。

總是有可能找到至少一個論點支持或反對法律立場。論點需要邏輯，但是法律論點並非帶來普遍、絕對結論的純粹邏輯形式。相反地，法律論點是實用性的論點，目的在確立一項主張比另一項主張更有可能或更有理據。

39

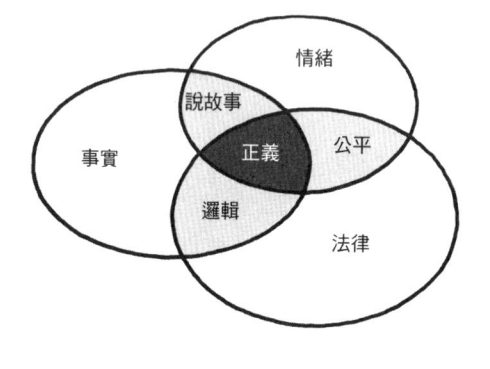

If the law is in your favor, pound the law. If the facts are in your favor, pound the facts. If neither is in your favor, pound the table.

如果法律對你有利，請重擊法律。
如果事實對你有利，請直搗事實。
如果兩者都對你不利，請砸桌子。

很少有法官會反對明確的判例。當法律有利於你的立場時，請確定立場並一次又一次地回到你的立場。如果法律沒有明確支持你的論點，請強調最有可能引起同情的案件事實，以便法官或陪審團面對法律中的任何灰色地帶時，會站在你的客戶這邊。

還有請三思而後行──不要砸桌子。

40

Be the most reasonable person in the room.

成為法庭中的理性自然人。

律師和法官、法警及其他法院人員一樣都是法院職員,所有人都有義務於司法程序中維持良好風度。與其預設他人是個可怕的人,不如推想他人為細心、有知識、周到和體貼的人更好。即使其他人表現不佳,也不能將其作為自己表現不佳的理由。

41

高加索人是粉紅色的。
垃圾郵件是粉紅色的。
泡泡糖是粉紅色的。
我的狗的舌頭是粉紅色的。
肯定還有其他粉紅色的東西。

高加索人是粉紅色的。
我是高加索人。
我是粉紅色的。

我是粉紅色的。
垃圾郵件是粉紅色的。
我是粉紅色的，因此我是垃圾郵件

Proper induction
正確歸納

由前提推出
有可能的結論

Proper deduction
正確演繹

由前提保證
結論的真實性

Improper deduction
錯誤演繹

前提無法
推出結論

Make a logical argument.

提出合乎邏輯的論點。

演繹邏輯（deductive logic）是從廣為人知的通則推導出特定的具體事實。通常，將前提做合乎邏輯的論證，均能保證正確的結果。

歸納邏輯（inductive logic）是從特定的事實推導出通則。雖然歸納可以從前提推導出結果，但不能保證結果一定是正確的。好的歸納推理需要大量的具體事例才能讓人信服。

42

被告無情地殺死
他的老闆。

被告人將一個生鏽的步槍對準他老闆的
臉，然後狠狠地扣了扳機。子彈從右眼
窩進入老闆的頭骨。他已經死了大約三
個小時。他的三個孩子，分別只有一、
二、七歲，再也見不到他了。

薄弱

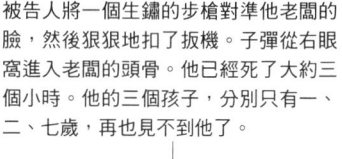

強而有力

Tell a compelling story.

講一個引人入勝的故事。

適當的論點不是由情感推進的，但如果論點缺乏情感表現，就不可能與法官或陪審團有所連結。準確傳達事實之餘，也要設定一個可以讓觀眾與事件及人物聯繫的場景。情感與細節有關，而不只涉及抽象概念和概括的敘述。

特別感謝Bill Fernholz

43

優良判例的組成
Components of a good precedent

Let your citations argue for you.

讓你的註解為你辯護。

法律寫作時，討論到法律或事實的每個句子都應註明來源。否則，於決定做成者的眼中，只能假設該陳述是律師所相信的，而不是律師所保證正確的。

44

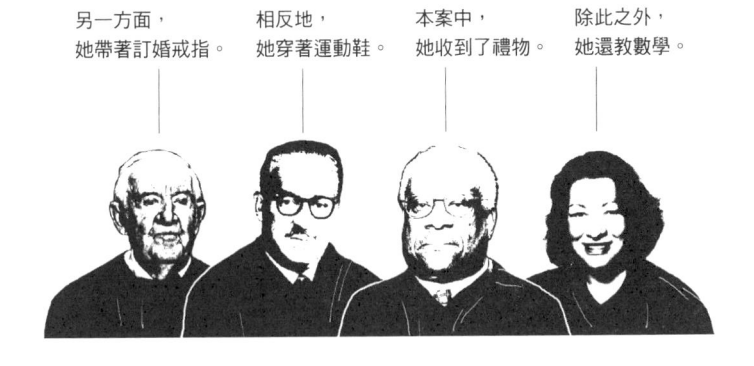

另一方面，
她帶著訂婚戒指。

相反地，
她穿著運動鞋。

本案中，
她收到了禮物。

除此之外，
她還教數學。

Master the transitions.

練習換句話說。

附加：也、且、其他理由為、此外、同等重要的是、最後、更進一步來說、除此之外、換句話說、並且、接著、類似的

替代：或者、雖然、但是、與之相反、反過來說、然而、不過、相比之下、否則、另一方面、仍然、還是、儘管、可是

類比：相同的、也、再次、同樣地、類似的

結論：相應的、從而、結果上來說、因此、最後、由此、簡短的說、總的來說、最終、所以、如此、總結而言

建立因果關聯：結果是、因為、所以、由此可見、因此、然後、因而、如此

舉例：打個比方、例如、尤其是、即、特別是、那就是

表示讓步：雖然、倘若、確實、無疑的、無可否認

表示要談論當事人案件：在這點上、手中的案件、本案中

被告射殺了被害人，且將手槍藏在垃圾中。

沒錯，從被告的垃圾中找到一把手槍，但有可能是出於其他原因。

Active voice
主動語態

指出直接關聯

Passive voice
被動語態

暗示偶然性

Sometimes passive voice is stronger.

有時被動語態更為強烈。

主動語態的陳述表現了直接的關聯，通常能使論證聽起來很有效。被動語態則暗示偶然的關聯，聽起來較不充分且缺乏說服力。然而，當一個精準論點僅有偶然的關聯時，被動語態會是更有效的形式。

Something reasonable is reasonable, not "not unreasonable."

合理就是合理的，而非「不是不合理的」。

你可以清點事項，但不需要一一列舉。如果在某個時間點發生了某些事情，那就是發生了。如果由於x的事實而發生該事件，則該事件是由於x而發生的。如果在犯罪後發生的事件中觀察到肇事者身上攜帶不明工具，則被告就是在犯罪後攜帶了一些東西。

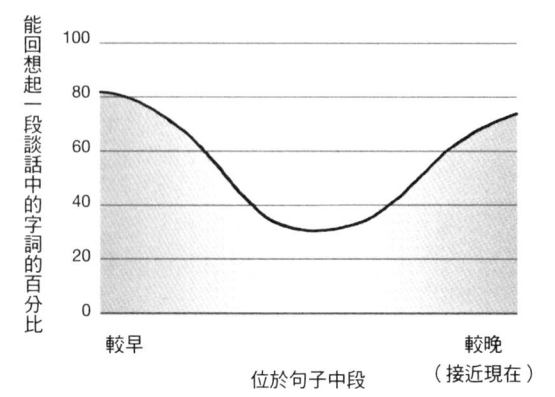

近因效應
The Recency Effect

Stop talking when you've made your point.

提出重點後，不要講話。

最想被人記住的論點，應該安置於談話起始或結束時。因為剛開始的論點往往不必與句子裡接下來的其他論點爭搶注意力，而很容易被聽眾記住。當講者繼續說話，新的詞語或想法會相互爭奪聽眾的記憶容量。

談話結語的部分則因為記憶猶新，很容易被好好記住，而且可能仍在記憶的「有效」部分中。聽眾即使可能沒有很認真在聽整段談話，但為了理解整體論點，興致會在談話結束時來到最高點。

48

契約如何被誤解

單方錯誤（unilateral mistake）：一方在契約條款或標的上理解有誤。契約通常由法院維持。然而，如理解無誤的當事人在知情情況下試圖錯誤利用，或強制執行不公平的行為，法院可廢止或修改契約。（例如：單方契約）

雙方錯誤（mutual mistake）：雙方對契約條款都有錯誤理解。錯誤可能來自彼此的理解有所不同（例如對單詞的解釋）；也可能彼此理解相同但仍有誤，例如對外部事實的共同誤解（例如：「發生在2023年2月29日」）。一些法院將前者稱為雙方錯誤，而將後者稱為**共同錯誤**（common mistake）。法院通常會在可能的情況下修改契約，而在錯誤導致無法履行契約時令其無效。

49

The *Peerless* Case

無雙案

萊佛士（Raffles）和維謝豪斯（Wishelhaus）這兩位商人簽訂了銷售125捆棉花的契約，並由英國的無雙號（*Peerless*）負責將棉花從印度運輸到英國。但兩位商人都不知道，有兩艘相同名字的船。維謝豪斯為收貨方，他預計棉花將於10月份抵達。不巧的是，棉花被運上另一艘於12月才會到達英國的無雙號。維謝豪斯拒絕收貨。

萊佛士向法院起訴維謝豪斯違反契約，但法院無從判定雙方於書面協議中決定使用的是哪艘無雙號。由於無法表明雙方當事人對相同事項達成合意（meeting of the minds），契約不具約束力。因此，法院裁定維謝豪斯不必為棉花付款。

無雙案（*Raffles v Wichelhaus* [1864] EWHC Exch J19）雖然來自英國法，然因其確立合意之概念，而在美國法律界眾所周知。且兩艘船的船名很諷刺地剛好為「無雙」號。

50

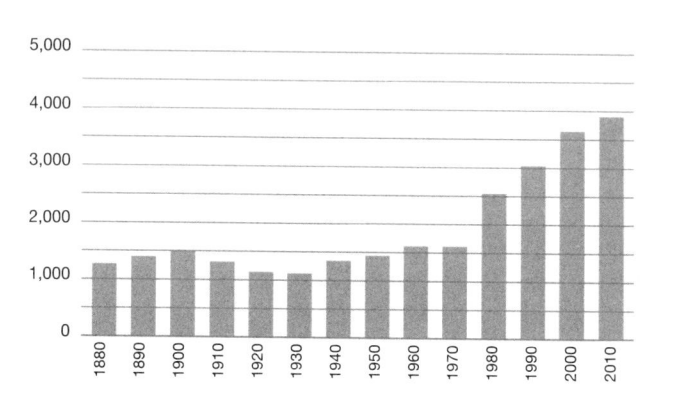

美國每百萬公民中具律師身分者

資料來源：美國律師協會（American Bar Association）和美國普查局（U.S. Census Bureau）

A lawyer may not practice law with a non-lawyer, unless the non-lawyer is in jail.

除非你正在坐牢，
否則不具律師身分者不得與律師一起從事法律實務。

任何人都可以提供法律建議，但接受法律建議者須知道該意見是否來自律師。因此，律師不得與非律師人士同行，一同進入企業，進行法律諮詢實務。因為客戶可能會對法律建議的來源、法律建議的可靠性以及言論是否免責感到困惑。不過，在監獄中囚犯可以向其他囚犯提供法律建議，而律師可以協助這種「獄中法律行家」（jailhouse lawyer）[1] 的法律實務工作。

註1：未曾從事法律工作或未受過法學教育的受刑人，在獄中依其自身經驗或知識，協助、解決其他獄友的法律問題，而其律師亦可透過在獄中服刑的客戶，間接向其他獄友提供法律諮詢。

51

Damages
損害賠償

對原告的損失進行賠償

Specific performance or injunction
強制履行或禁制令

當事人必須執行或停止執行某特定
行為

Declaratory remedy
確認救濟

確認當事人權利義務之存在

民事救濟
Some civil remedies

One cannot simply sue, but must sue for *something*.

不能單純「提起訴訟」，必須具體指出起訴什麼[1]。

原告必須請求具體的補償或救濟，例如希望被告付款，或採取／停止某特定行為。原告不能要求法院發表建議、就特定議題發表公開聲明以及修改法規。

在等待法院的最終判決期間，若可證明等待原告的補償或救濟，將緩不濟急時，當事人可請求法院核發禁制令（injunction，法院命令對方採取／停止某特定行為）。

註1：台灣的民事訴訟法亦要求原告的訴之聲明，必須能特定原告對被告所主張之權利（訴訟標的）。例如：原告甲起訴乙，甲的訴之聲明乃「確認乙占有之A地所有權屬於甲」，此聲明方屬具體特定。

52

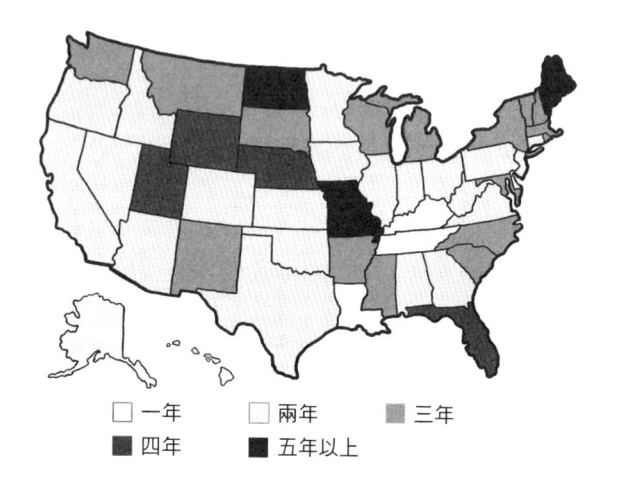

主張人身傷害之消滅時效
Statutes of limitations on personal injury claims
資料來源：Nolo（美國加州的法律出版社）

You can't sleep on your rights.

別讓權利睡著了。

法律規範了發生及發現傷害後，可以提出索賠或指控的時間限制。消滅時效（statute of limitation）[1]為被告提供時效終結的可能與可預測性，且確保主張僅可在有確切證據、記憶鮮明、證詞可信的情況下提出。

註1：此處之時效較接近於告訴乃論罪可提出告訴的期限，台灣為六個月。「時效」也會被拿來稱民事上請求權之時效（台灣一般為15年），或是指國家對犯罪行為進行追訴的追訴權時效。

Try not to harm—even while being helpful.

試著避免傷害，即便是幫助人時。

善良的撒馬利亞人法（Good Samaritan law）[1]免除當有人自願提供幫助，卻造成遇難者傷害時之法律責任。該法有助於使人們更願意幫助陷入困境的陌生人。不過善良的撒瑪利亞人法律在各轄區的標準可能差別很大，有時候即使是善意的幫助者也可能被認為有過失而起訴。

註1：善良的撒馬利雅人法之名稱源於聖經，美國、加拿大法多使用之。台灣依照此法理規定的法律，包括刑法、民法中的緊急避難規定。

54

Actual damages
實際損害賠償

直接損害或損失額

Consequential damages
間接損害賠償

非直接損害額

Future damages
未來損害賠償金

預期損失，如醫藥支出、
收入減少

Punitive damages
懲罰性損害賠償

對魯莽、惡意、欺騙所為的懲罰

Attorney's fee
律師費

常見之民事損害賠償
Common civil awards

An injured party has a responsibility to minimize the damage.

受害方有責任最小化損害。

許多法院認為，遭受身體傷害的一方，不能主張未尋求合理醫療照護而蒙受的損失，除非他方造成傷害的行為是故意、惡意的。

55

可預見的　　　　　　　　　　　不可預見的

Palsgraf v. Long Island Railroad Co., 248 N.Y. 339 (1928)

帕斯格拉夫訴長島火車站案（1928）

一名帶著尋常包裹的男子急忙搭上一班行駛中的火車。兩名鐵路員工，一人從月台往上推、一人在火車上拉，協助男子搭上火車。此時，包裹掉落。不幸的是，包裹中的煙火因此引爆。引爆的威力導致月台另一端的帕斯格拉夫太太（Mrs. Palsgraf）受傷。

帕斯格拉夫起訴鐵路公司，主張她的受傷是由於員工的過失行為所造成的。帕斯格拉夫太太在原審法院勝訴，但經上訴後，紐約最高法院駁回了她的主張。最高法院認為員工行為不具有**預見**她受傷的可能性。法院的判決意味著即使被告有所過失，也不會因此對其行為的所有後果自動承擔責任。

56

Pleading
訴狀

原告提出的起訴狀；
被告的答辯、異議
或是反訴狀

Discovery and motion practice
證據開示和申請

兩造互相交換
證據與證詞；
提出審前動議

Trial
審判

事實和爭點
呈現於法官或
法官及陪審團之前

民事案件的三階段
The three stages of a civil case

Most of what happens in a civil trial happened before the trial.

本應在民事審判中進行的程序，大多在審判前就已完成了。

民事案件中，訴訟當事人會在審判前交換資訊。透過**證據開示程序**（discovery process），任何一造當事人皆可以書面詢問他造（他造的回覆須經宣誓，以確保真實性）及任何可提供相關資訊的其他人。如此一來，兩造當事人通常在審判開始前就已經了解對方所陳述的事實。

審判前法官也會參與。法官會閱讀兩造的審前訴狀和請求、研究相關法律議題、解決在發現事實過程中發生的紛爭、簽發逮捕令和傳票，並監督陪審員的選任。大多數案件可以在審判前解決，預審工作則成為律師和法院的主要工作。

57

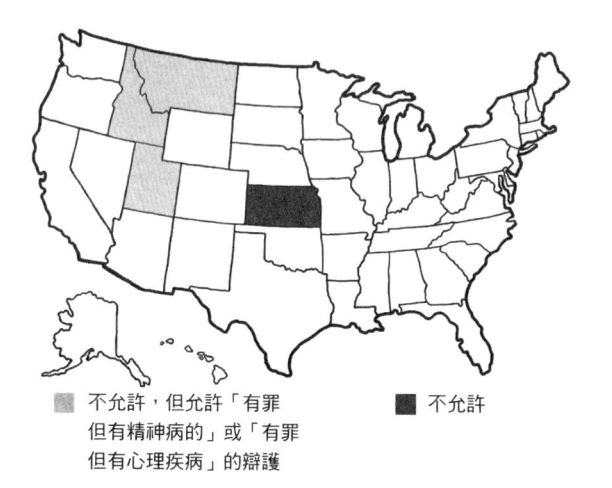

不允許精神障礙辯護的州
States not allowing an insanity defense

The party that alleges bears the burden of proof.

主張方須負舉證責任。

紛爭中的兩造都要負擔證明其主張的責任。否認主張存在的一方沒有義務提出反證。僅有少數例外，如提出因精神錯亂應判處無罪的被告，須負擔證明其係精神錯亂的責任。

少數民事糾紛中，被告負舉證責任。如公共事業公司起訴要求客戶付款，客戶必須證明已付款或提供令人信服的證據，以解釋為何未付款。

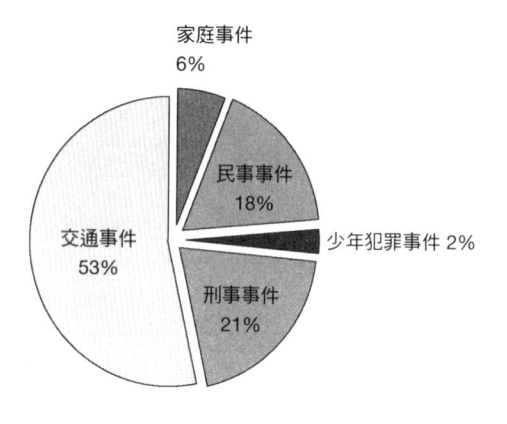

美國法院收到的案件類型
資料來源：法院統計計畫（Court Statistics Project, 2016）

註1：台灣刑事審判程序中相對應的條文為刑事訴訟法第166條第1項：「當事人、代理人、辯護人及輔佐人聲請傳喚之證人、鑑定人，於審判長為人別訊問後，由當事人、代理人或辯護人直接詰問之。被告如無辯護人，而不欲行詰問時，審判長仍應予詢問證人、鑑定人之適當機會」，同條文第2項：「前項證人或鑑定人之詰問，依下列次序：一、先由聲請傳喚之當事人、代理人或辯護人為主詰問。二、次由他造之當事人、代理人或辯護人為反詰問。三、再由聲請傳喚之當事人、代理人或辯護人為覆主詰問。四、再次由他造當事人、代理人或辯護人為覆反詰問」，同條文第3項：「前項詰問完畢後，當事人、代理人或辯護人，經審判長之許可，得更行詰問。」

The party that alleges gets to argue twice.

提出指控的一方將於詰問[1]中陳述兩次。

開場陳述（Opening statement）：由原告或檢察官陳述案件簡要事實，對造隨後陳述。

原告／檢察官舉證（Plaintiff/prosecutor's case-in-chief）：原告/檢察官傳喚證人進行直接詢問。辯方得對每項證據進行交互詰問。原告/檢察官可針對交互詰問而生的事項重新詢問證人。

被告的舉證（Defendant's case-in-chief）：辯方傳喚其證人進行直接詢問。原告/檢察官可進行交互詰問。辯方可以針對交互詰問而生的事項重新詢問證人。

反證（Rebuttal case）：原告/檢察官可能會要求被告提出反證。如果反證能引導出新的事實，法官將允許被告以反證推翻原告/檢察官的反證。

當任何一方完成舉證、答辯、反駁時，辯論程序便終結。律師只有在獲得許可的情況下才能重新開啟辯論。

終結陳述（Closing argument）：先是原告／檢察官，接著是辯方，再接著是原告／檢察官。

評議與裁斷（Deliberations and verdict）。

59

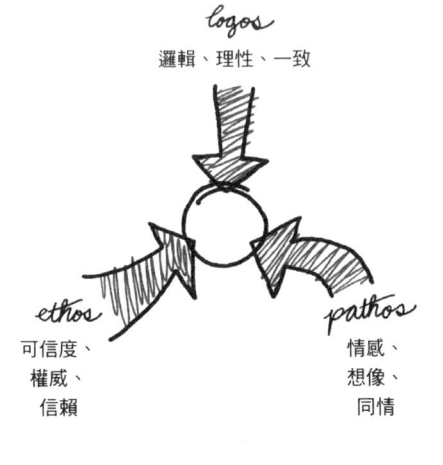

logos
邏輯、理性、一致

ethos
可信度、
權威、
信賴

pathos
情感、
想像、
同情

Keep it slightly above room temperature.

.

持續使空氣溫度略高於室溫。

理性是冰冷的，而激情可以使空氣溫暖。理性提供了邏輯運轉的空間，激情則強化人與人的連結。辯論時兩者都需要介入其中；其一的豐富不能填補另一的匱乏。一個論點可以是非常理性的，但僅憑論點的正確性無法迫使其他人給予足夠的重視、對其所稱的錯誤感到認同、加以糾正。充滿激情的論述起初可能會引起同情，但犧牲理性的情感表達將稀釋論點，最終讓人忽視以激情傳遞的信息。

理性讓論點有價值。激情令人感受其價值。

60

What's in dispute—facts or law?

爭議在爭什麼──事實還是法律？

法律：法令要求被假釋的性犯罪者須距離學校2000英尺。

事實：假釋者已經擁有距離學校不到2000英尺的房屋，且社區中幾乎所有其他房屋都位於類似地點。

向法院提出問題：如果法律使假釋者無家可歸，是否符合憲法？

法律：交通法規要求駕駛者在紅燈處停車。

事實：警察主張駕駛者闖紅燈。被告聲稱雖然當時是紅燈，但闖紅燈是為了讓路給消防車通過。

向法院提出問題：被告為緊急車輛讓路，是否得以免除被判違法？

法律：契約要求雙方對關鍵條款有相同的理解。

事實：甲方同意跟乙方購買武器（arms）。乙方交付義肢（arms）給希望購買彈藥的買方。

向法院提出問題：契約訂立時，一方是否誤導他方、明知他方對自己所表達內容有所誤解仍訂立契約？

61

規範個人行為
的法律

規範州政府行為
的法律

授權或命令
地方政府的法律

決定收支
的法律

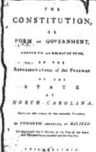

州憲法的
修正案

北卡羅來納州的五種法規類別
Five categories of statutes in the State of North Carolina

When meaning is contested, look to intent.

當內容有爭議時，請注意爭議指向何者。

當對法規內容存有爭議時，法院會考慮立法目的（背後的政策和廣泛的立法計劃）、用語／文意（組成、結構、限定詞、技術性與一般性含義）和歷史（導致立法的事件）。

當契約內容存有爭議時，法院會考慮當事人雙方訂立契約的目的。如果是特定的爭議，法院通常會以公共認知的意義解釋之，除非一方可以證明狹義或更專業的含義較為適當。

Zealous advocacy
熱忱辯護

於法律限度內
對客戶之義務

Loyalty
忠誠義務

不能處於與客戶利益
相反的位置

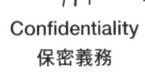

Confidentiality
保密義務

必須對客戶的祕密
加以保密

Limited solicitation
推廣行為的限制

對準客戶

Competence
適任義務

服務需包含適當技巧、
時間、品質

Communication
告知義務

傳遞完整資訊
給客戶

律師的倫理規範
Ethics for lawyers

A marijuana-related business may not declare bankruptcy.

與大麻相關的企業不得宣布破產。

某些州允許種植和銷售大麻，但聯邦法律禁止大麻的種植，另一方面破產程序則屬聯邦法律的管轄。法律的交錯意味著聯邦破產法院將不允許與大麻有關的企業使用破產程序。同樣地，美國專利商標局也不會頒發商標註冊給與大麻有關的企業。

聯邦法和州法律之間的差異會給律師帶來道德上的困境。州法律的律師道德規範往往禁止律師建議客戶違反美國法律。然而，當律師建議大麻生產商如何以州法律為根據合法經營其事業時，也同時在建議大麻種植者，如何從事違反聯邦法律的犯罪活動。

63

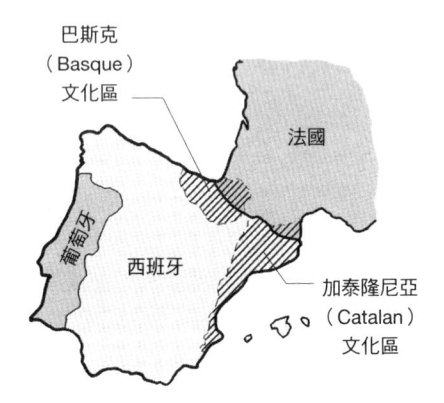

巴斯克
（Basque）
文化區

法國

葡萄牙

西班牙

加泰隆尼亞
（Catalan）
文化區

政治和文化邊界的不一致
Non-aligning political and cultural boundaries

四種邊界

政治邊界（Political boundary）劃分主權所及之範圍，例如城市、縣、州和國家。該界線是眾多爭執因素的產物，包括地理、文化、長期定居方式、征服和談判。

選舉邊界（Electoral boundary）為立法權劃分投票區域。該界線大部分與政治邊界重合，但會進行一些更改以適應人口分布的變化。如「不公正劃分選區」（又稱傑利蠑螈，Gerrymandering）[1]是一個被政黨操縱的選舉邊界，巧妙利用該區的居民分布特點，人為操縱成有利於其候選人的選區。

管轄邊界（Jurisdictional boundary）為司法權劃分法院系統。該界線通常會與政治界限保持一致，少數時候可能會跨越政治界限，如美國聯邦巡迴法院[2]。

文化邊界（Cultural boundary），依居民的語言、社會風俗和其他習慣是否一致劃分。文化界限，常常跨越其他類型的界限。

註1：只透過劃分選區的方式配票，有利於特定選區。
註2：美國聯邦上訴法院，即巡迴上訴法院，是美國聯邦司法系統的上訴法院。聯邦上訴法院主要審理來自聯邦司法管轄區對於地方法院判決的上訴。美國共有五十州、設有十三個巡迴上訴法院。

64

納瓦霍族保留地
Navajo Nation

There are more than 300 nations within the United States.

美國境內有300多個保留地[1]。

美國憲法以300多個保護地授予美國印第安人地方主權（local sovereignty）。他們無法與外國政治實體訂立條約，但有自己的法院系統來對涉及部落土地上的案件進行裁決，此法院系統不能裁決涉及非印第安人的事務。

美國印第安人保留地的總土地面積為87,800平方英里（約227,400平方公里），約等於明尼蘇達州的面積。納瓦霍族保留地（Navajo Nation）的面積超過27,000平方英里（約70,000平方公里），大於美國10個州的大小，而有12個保留地都比美國最小的州──羅德島──還大。

註1：台灣雖設有原住民保留地，其制度設計目的在「保障原住民生計，推行原住民行政」。其保障之利益以土地之使用收益為核心，與司法審判權無直接對應。

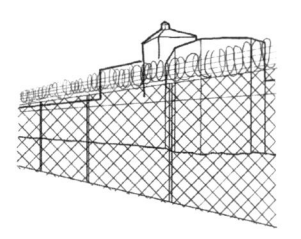

Jails	Prisons
拘留所	監獄
由警長或地方政府管理； 收容等待審判 或服短期徒刑的犯人	由州或聯邦政府管理； 拘留因嚴重犯罪 而被判處長刑期的人

Felonies, misdemeanors, and wobblers

重罪、輕罪[1]和兩可之罪

重罪（Felony）：嚴重罪行，通常可處一年以上監禁。包括縱火、非法侵犯、毆擊、夜間竊盜、竊盜、偷竊、連續酒駕、謀殺、強姦、搶劫、嚴重的毒品犯罪、未經授權擁有致命武器和故意破壞聯邦財產。

輕罪（Misdemeanor）：輕於重罪的犯罪，通常應處以罰金、沒收或少於一年的監禁或有期徒刑的處罰。包括無序行為、初次酒駕、輕微偷竊、藏有少量毒品、賣淫、公然酒醉、魯莽駕駛、輕微襲擊、侵入和毀損。

兩可之罪（Wobbler）：視情況而判定為重罪或輕罪的罪行，如存在加重情節。判決確定後，重罪仍可能因科刑、定罪而減輕為輕罪。

註1：台灣並沒有明文區分重罪與輕罪；美國重罪與輕罪的法定刑，原則上可以一年有期徒刑作為分界點。

66

	州犯罪 State crimes	聯邦犯罪 Federal crimes
審前披露 Pre-trial discovery	發生於訴訟程序的前期，距離審 判還有相當長的時間	除非有證人作證，檢察官不需要提 供證人陳述
科刑 Sentencing	有些罪行有強制性的最低刑期， 但法官可能會在特殊情況下寬待	根據違法行為和被告的犯罪紀錄， 嚴格執行強制最低刑期

If you're going to spray graffiti, don't do it on the post office.

如果要塗鴉，不要在郵局。

通常於州法院起訴者

非法侵犯和毆打
家庭暴力
侵佔
詐欺
大多數輕罪
謀殺
酒駕
擁有管制物品
強姦／性犯罪／騷擾兒童
搶劫／盜竊
於州境內交易管制物品

通常於聯邦法院起訴者

銀行搶劫／銀行欺詐
賄賂公職人員、貪汙
兒童色情
聯邦財產犯罪
州際逃匿
走私
郵件／網路電台詐騙／偷竊
洗錢
證券欺詐
租稅相關之犯罪
跨州或聯邦界交易管制物

註：美國的司法體系採取聯邦與州法院並行之雙軌制，而台灣採單軌制，由司法院下轄之三級三審法院所組成。

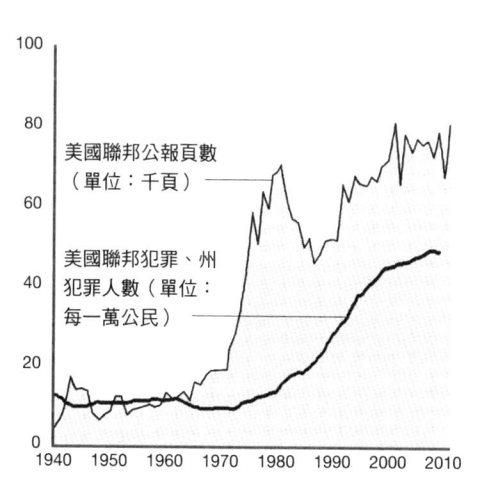

資料來源：美國司法部、美國普查局、聯邦紀事辦公室

"The more laws and order are made prominent, the more thieves and robbers there will be."

「法令滋彰，盜賊多有。」

——老子

只要不吸進去就好

President Bill

柯林頓總統

You're allowed to puff.

你可以講得誇張一點。

賣東西的時候稍微含糊其詞是可以的。只要不是陳述虛假的事實，為了成交而誇大某項東西的價值，是被允許的。任何銷售員的「誇大說明」（puffing）都是可被預期的。

69

	過失殺人 Involuntary manslaughter	故意誤殺 Voluntary manslaughter	二級謀殺罪 Second-degree murder	一級謀殺罪 First-degree murder
是否意圖殺人？	否	有時	經常	是
是否出於過失殺人？	是	否	否	否
是否預謀殺人？	否	否	否	是
是否處於殺人之激情狀態？	不適用	有時	有時	不適用

常見之殺人[1]判準
Common homicide standards

註1：台灣刑法第271條所指的殺人罪包含故意殺人、殺人未遂、預備殺人。且刑法另有過失致死、義憤殺人等規定。並非同美國以過失殺人、故意謀殺、二級謀殺、一級謀殺區分各罪。

Intent can be essential; motive rarely is.

意圖是重要的；動機則不。

動機（motive）是一個人犯罪的原因。動機可以幫助檢方識別、起訴被告，但不能提供有罪的直接證據。例如，人的理財狀況可能暗示一個人有動機進行搶劫，但它僅能算是間接證據。

意圖（intent）是實行犯罪的決心。被告擁有破壞保險箱的工具，表明有意圖進行盜竊和偷竊行為，並可作為有罪的直接證據。

當證據明確表明被告有罪時，動機對法院而言就非必要。然而，如果呈控是基於間接證據，那麼動機可能是有說服力的——無論結果是有罪還是無罪。

70

Guilty act + guilty mind = Guilty

犯罪的行為+犯罪的想法=犯罪

「**無犯意則無犯罪**」（Actus non facit reum nisi mens sit rea）是指除非有犯罪的想法，否則行為本身不會構成犯罪。大多數犯罪中，被告有罪建立在了解自己的行為是犯罪的前提之下。

當被告提出**無罪之精神障礙辯護**是指其缺乏「犯意」（mens rea）──能夠理解自己的行為為何錯誤的能力。某些州，精神障礙辯護允許進行「不可抗拒的衝動」的辯護，這表示被告理解他的行為是錯誤的，卻無法控制。

民事案件中，被告可承擔法律責任而無「犯意」。但如果成功證明其犯意，則賠償金額通常會增加。

71

General deterrence
一般嚇阻

透過公開展示懲罰
降低犯罪行為

Specific deterrence
特殊嚇阻

透過監禁／剝奪能力來
降低罪犯未來再犯的可能

Rehabilitation
復歸

幫助罪犯從事生產活動
以減少未來犯罪行為

Retribution
報應

根據行為的嚴重程度
決定處罰以減少犯罪

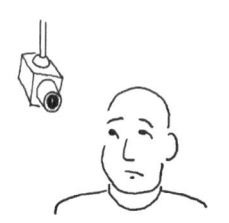

Watchful eye
監控

使人害怕被抓或對此
感到尷尬以減少犯罪

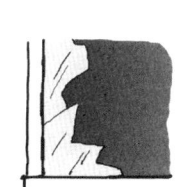

Broken window theory
破窗理論

著力於打擊輕微犯罪
以阻止更嚴重的犯罪發生

嚇阻理論
Crime deterrence

A criminal defendant may have to conduct a criminal investigation.

刑事被告需進行刑事調查。

民事訴訟當事人可透過審前筆錄程序，獲得對方宣誓後的預審證詞。但是，刑事被告通常無權會見檢方或其證人。因此，庭審通常是刑事辯護律師訊問檢方證人的第一個機會。

不過，起訴方必須向辯方提供證人名單以及所擁有的任何可能無罪證據。為了避免於審判中發生意外的狀況，刑事被告與其律師經常不得不僱用私家偵探尋找其他證據以支持案件。

72

Hourly fee
依小時計費

通常依每1/10小時
為單位增量計費

Contingency fee
案件勝訴金

按客戶勝訴的所得
比例抽成

Flat fee
固定費用

無論結果如何
都必須支付

Contingency fees are prohibited in criminal cases.

刑事案件中，禁止收取案件勝訴金（成功酬金／勝訴分成）。

案件勝訴金只有當民事案件於判決結果有利時，才得向律師支付。刑事案件中，案件勝訴金可能會造成利益衝突。例如，在謀殺案中，被告是受害者人壽保險單的指定受益人。如果律師費是按被告將來拿到的保險金來抽成給付，於被告認罪協商而拿不到保險金時（因保險公司不理賠犯罪行為），律師也將拿不到報酬。因此，律師沒有誘因建議其客戶認罪協商——即使這樣對客戶最有利。

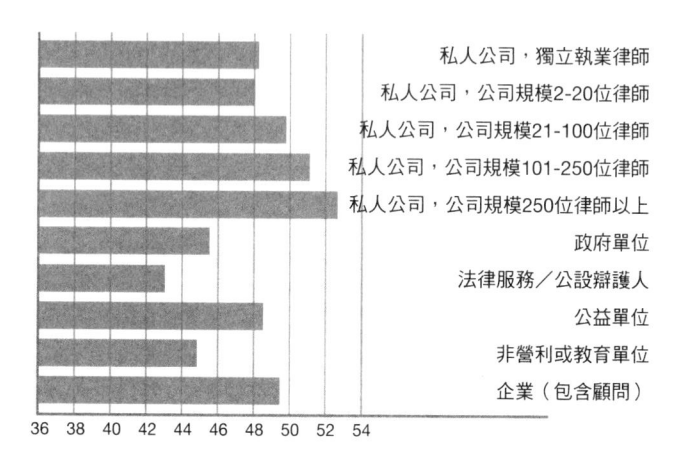

私人公司，獨立執業律師

私人公司，公司規模2-20位律師

私人公司，公司規模21-100位律師

私人公司，公司規模101-250位律師

私人公司，公司規模250位律師以上

政府單位

法律服務／公設辯護人

公益單位

非營利或教育單位

企業（包含顧問）

根據「上週的工時多長？」此提問的回答
資料來源：《After the JD III》，美國律師基金會，2016

An hour might be 116 minutes long.

一小時可能長達116分鐘。

律師通常以6分鐘（1/10小時）為計費單位。3.1分鐘的通話可能會導致6分鐘的帳單。

74

Invoking the Fifth Amendment in a criminal trial prevents self-incrimination. Invoking it in a civil trial may *induce* self-incrimination.

刑事審判中援引美國憲法第五修正案可防止自陷於罪。
民事審判中援引則可能招致自陷於罪。

美國憲法第五修正案，賦予被控犯罪的公民保持緘默的權利，以免自陷於罪。而民事審判中，只有在證人因其陳述可能涉及犯罪招致起訴成立時，才可以援引這項權利。法院通常有權對行使緘默權的民事證人做出**不利推論**（adverse inference）[1]。

註1：乃一法律上推論，法官於當事人保持緘默或未提出相反證據時，得做出對其不利的推論。此推論方法被許多判例法國家，於證據法中所採用。

75

配偶

學術研究

記者

心理治療

神職人員

國會

告發人

行政部門

常見的特權
Common privileges

If a client brings a friend to a meeting with an attorney, privilege may be lost.

如果客戶帶朋友去見律師，可能會失去特權。

律師與客戶間的守密特權（attorney-client privilege），禁止律師未經允許向其他人揭露與客戶的溝通內容——即那些被客戶認為是機密的內容。然而，若客戶帶第三方與律師一同開會，且第三方並非為了促進客戶利益而在場，則可能暗示客戶不打算將會議內容視作機密。

76

沃特金斯（Watkins）告訴我他正在和範布倫男孩（Van Buren Boys）交往。

Hearsay
傳聞證據

試圖證明Watkins是幫派成員。

沃特金斯（Watkins）告訴我他正在和範布倫男孩（Van Buren Boys）交往。

Not hearsay
非傳聞證據

試圖展示專業的知識。

You don't know the rule until you know the exceptions.

知道例外之前，不會知道規則。

所有的法院證詞皆被推定為可與他造進行交互詰問其來源。如果證人的陳述建立在某個無法進行交互詰問的人之上，於陳述時遭到律師異議反對，則可能會被裁定為**傳聞證據**（hearsay）並被禁止。

禁止於審判中使用傳聞證據[1]的規則大約有三十個例外。為了使用無法於法院作證所得之法院外陳述，必須讓該陳述至少符合其中一項例外[2]。在法律實務中，例外才是規則。

註1：台灣刑事訴訟法上傳聞證據原則上不具有證據能力，僅於符合例外規定情況時具有證據能力。
註2：先前的證詞在符合一定條件下，得為證據。要件為：證人在先前的訴訟陳述必須具結作證，且本案被告能詰問證人；證人須有法定拒絕證言權，始得拒絕出庭作證（刑事訴訟法第180條參照）。

77

Hire a lawyer, even if you are one.

即使你是律師，也需要僱用律師。

專業：律師是專家。身為一名在法律某一領域中的優秀律師，不能完全取代另一熟知特定類型案件的相關法律、獨特術語和最佳專業證人的專家。

客觀：有效訴訟策略的制定需要外部觀點，以避免生氣、渴望復仇或其他情感扭曲。

表演能力：聘請律師等於告訴對方，自己認真看待訴訟、辯護行動，這將使你在任何和解談判中，都擁有更強的地位。

78

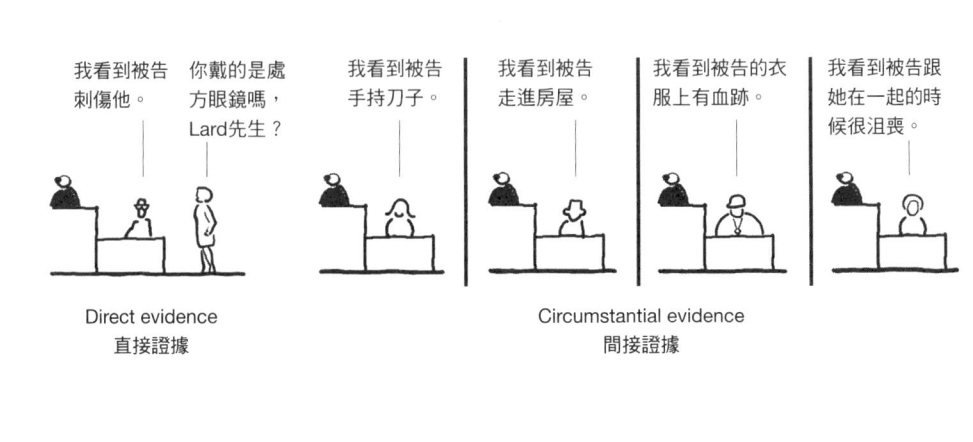

Direct evidence
直接證據

Circumstantial evidence
間接證據

Circumstantial evidence may be more damning than direct evidence.

提出間接證據較提出直接證據更罪證確鑿。

直接證據支持直接待證事項，且無需其他證據或推論。目擊者的證詞是直接證據的一種常見形式，因為它直接支持檢方對被告的起訴。

間接證據（又稱情況證據）具有多種可能的解釋，並且必須與其他證據或推論聯繫起來，才能表明被告與犯罪有直接關聯。如果有多個來源提供間接證據，每個來源互為佐證並互相增強，則可以提出令人信服的論點。相較之下，直接由目擊者作證的單個證據則可能是錯誤的或是別有用心的驅動。

79

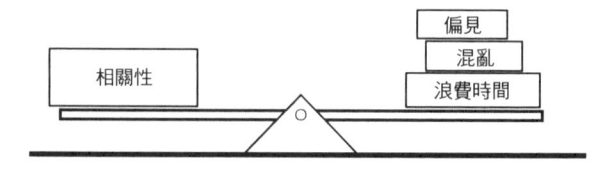

Useful evidence may not be admissible evidence.

有用的證據不一定是可接受的證據。

相關性（relevance）：證據是否與審判中的爭點有關？是否對於被控事實的成立有一定程度的重要性？

鑑定、認證（authentication）：證據是否可被證明是如提出者所主張？可以證明適當物證保管連續性（chain of custody）嗎？例如，傳喚發現證據的警官出庭作證？

傳聞（hearsay）：如果證據來源無法呈現於法庭，是否能根據傳聞證據的例外，採納傳聞證據？

特權（Privileges）：是否有任何特權（配偶，律師／委託人等）阻止證據被採納？

米蘭達警告[1]

你正因為＿被逮捕。

你有權保持緘默，但你所說的每一句話都可
以在法庭上作為指控你的不利證據。

審問前，你有權與律師談話。審問過程中，
你也有權讓律師在場。

如果你無法負擔請律師，你希望的話，法庭
可以為你指派一名律師。

你可以於任何時間行使該權力、不回答
任何問題或進行任何陳述。

你記住我告知的這些權利了嗎？

牢記這些權利後，你願意與我們交談了嗎？

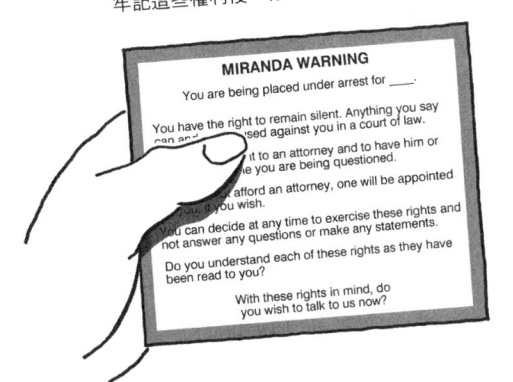

註1：台灣刑事訴訟法第156條規定：「被告未經自白，又無證據，不得僅因其拒絕陳述或保持緘默，而推斷其罪行。」刑事訴訟法第95條規定：「訊問被告應先告知下列事項：一、犯罪嫌疑及所犯所有罪名。罪名經告知後，認為應變更者，應再告知。二、得保持緘默，無須違背自己之意思而為陳述。三、得選任辯護人。如為低收入戶、中低收入戶、原住民或其他依法令得請求法律扶助者，得請求之。四、得請求調查有利之證據。無辯護人之被告表示已選任辯護人時，應即停止訊問。但被告同意續行訊問者，不在此限。」兩者均為米蘭達原則之展現。

Miranda v. Arizona, 384 U.S. 436 (1966)

米蘭達訴亞利桑那州案（1966）

1963年，埃內斯托·米蘭達（Ernesto Miranda）在二十歲生日前幾天，因綁架和強姦在亞利桑那州被捕。經過兩個小時的訊問，有精神不穩定病史的米蘭達簽署了可在審判中使用且對其不利之自白筆錄。法院指派的被告律師提出異議。律師認為警察沒有告知米蘭達尋求律師和保持沉默的權利，使得該自白筆錄非自願性。該異議被法院駁回，米蘭達被判有罪。

亞利桑那州法院維持了原判決，但美國最高法院以5票對4票認為自白無效不得作為證據。法院認為，只有在訊問之前已向被告告知權利的情況下，被告對警察所為之警詢供述才能作為證據。且經調查發現，米蘭達因精神分裂症而屬於特別脆弱的受訊問者。

米蘭達案於1967年重審，並在檢方未使用自白的情況下定罪。米蘭達在1972年被假釋，但在接下來的幾年裡，因各種原因而再度入獄。重獲自由後，他僅有零星的工作，並在鳳凰城法院大樓的台階上出售簽名的米蘭達警告卡。1976年米蘭達在倫敦被刺死，在他身上發現了幾張米蘭達卡。

81

Material
物證

Demonstration
論證

Documents
文書

Testimony
證詞

常見的證據類型
Common categories of evidence

Judge: "Am I never to hear the truth?"

Counsel: "No, my lord, merely the evidence."

——PETER MURPHY,

A Practical Approach to Evidence,

3rd Edition (1988)

法官：「我不曾聽到真相？」

律師：「是的，庭上，這裡只有證據。」

——彼得・莫非

《證據方法實務》第三版（1988）

82

強尼・寇克朗（Johnnie Cochran）[1]，刑事辯護律師

註1：1937-2005，曾為辛普森案（1995）的主要辯護律師之一。在辛普森案中，雖採集到有利檢方的證據，但因為採集證據的過程不符合正當程序，最終判決被告O.J.辛普森無罪。

The integrity of the system is more important than the truth of one case.

體系的一貫性比發現真實更為重要。

審判對真理的追求總是不完美的，因為它不能將不公平的方法導入司法體系中。如果控方以不適當的方式獲取或處理證據，即使該證據提供被告與犯罪之間無可辯駁的關聯，也可能將其排除在審判之外，避免接下來的案件出現同樣的證據濫用情況。即使這麼做可能會使一個有罪的人獲釋，但那不是因為法院對真相不感興趣。而是因為法院藉由接受限度內的真相，以便從長遠來看，能更恰當地發現真相。

83

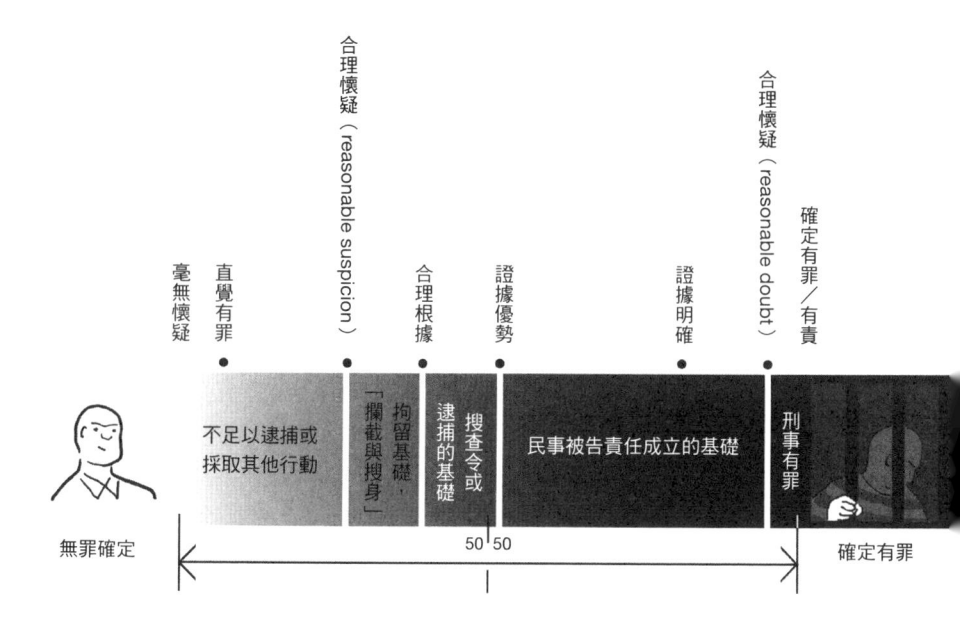

毫無懷疑

直覺有罪

合理懷疑（reasonable suspicion）

合理根據

證據優勢

證據明確

合理懷疑（reasonable doubt）

確定有罪／有責

不足以逮捕或採取其他行動

拘留基礎，「攔截與搜身」

逮捕的基礎

搜查令或

民事被告責任成立的基礎

刑事有罪

無罪確定

50 50

確定有罪

證明標準
Standards of proof

A jury that believes a criminal defendant is "probably guilty" must acquit.

認為刑事被告「可能有罪」的陪審團必須宣告無罪。

作出有罪裁斷時，陪審團須採取毫無合理的懷疑原則，認定刑事被告是否應對犯罪負責。合理懷疑必須從控方提出的證據或缺乏的證據中合理得出。不能基於對被告的同情，也不能基於幻想，例如，時光旅行者是否是這樁犯罪的真正肇事者。

較適合由法官審判：
- 有複雜法律問題的案件
- 代表自己的訴訟當事人——法官知道如何忽略不相關的／煽動性的證據
- 大機構起訴小組織或個人

較適合採陪審團審判[1]：
- 案件具有強烈的情感成分
- 人身傷害案件
- 個人或小型組織起訴大機構

註1：台灣未有陪審團制度，未來擬施行國民法官制度（由人民與法官合審合判）。

A guilty verdict isn't binding.

有罪裁斷不具有約束力。

裁斷（verdict）是由陪審團決定，陳述的事實是否構成犯罪或民事傷害的基本要件。
法官以此裁斷作為適當終局判決的指導方針。法官必須接受無罪的裁斷，但多數管
轄區域，如果法院裁定陪審團錯誤地作出了裁斷或沒有充分的證據為基礎，法院可
以撤銷所有民事和刑事裁斷。

85

Objection, irrelevant.
異議，不相關。
回答沒有辦法證明或
推翻事實。

Objection, prejudicial.
異議，有偏見。
答案會誤導或混淆
陪審團。

Objection, no foundation.
異議，缺乏根據。
該證人缺乏對事件的第一手
資訊。

Objection, privileged.
異議，特權。
客戶不必透露配偶的情況。

Objection, hearsay.
異議，傳聞。
所為言論之人不在證人名單上。

常見的異議方式
Common objections

The battle might not be worth the collateral damage.

附帶損害的戰役並不值得。

每個案件都涉及許多小的爭點，例如法庭程序、證據是否可採納、對造的主張不正確。如果爭點遭到反駁，可能會使陪審團感到困惑。勝訴的案件通常會輸掉其中一些戰役。如果是值得一戰的戰役應該快速把握，或繼續前進。選擇過多的爭點進行戰鬥，可能會損害自己在法庭上的信譽；於不必要的爭端中敗北，可能會增強對造的信心，並降低達成和解的可能。

如果爭點不是案件的核心，參與其中將造成不利。但如果在一件重要的事項上被否決，得請求法官將你的反對意見記錄起來，若將來敗訴時或許可憑該決定提起上訴。

86

聯邦法官曾經通過巡迴法庭審理案件，後來成為永久管轄區域[1]。

註1：聯邦巡迴法院（第二審、上訴審法院）的法官，以前必須巡迴於各州之間，以審理各州的上訴案件，後來巡迴法院才常設於特定地區（此乃聯邦「巡迴」法院名稱的由來）。

Roe v. Wade, 410 U.S. 113 (1973)

羅伊訴韋德案（1973）

諾馬・麥科維（Norma McCorvey）未能成功在德州非法墮胎，於是向聯邦法院起訴了德州。她主張限制墮胎的州法律侵犯了她的隱私權。法院支持麥科維（化名珍・羅伊[Jane Roe]），但拒絕發布禁制令以解除墮胎禁令。

羅伊提起上訴。聯邦最高法院同時也在審理另一樁類似的案件*Doe v. Bolton*，並肯認憲法所保障的個人隱私權，得以延伸至婦女決定墮胎的範圍。然而，法院藉由在法規中限制僅能於懷孕的前三個月墮胎，來平衡該州在保護產前生命的利益與婦女健康方面的利益和權利。最高法院隨後限制婦女的墮胎權：於胚胎或胎兒發育到可在子宮外獨立生存之時（fetal viability），即不得墮胎。

羅伊訴韋德是勝利也是失敗的案例。第一次審判之前，羅伊分娩完畢。她在地方法院審理勝訴，但未獲得她所希望的禁制令。但是，地方法院在更大的程度上幫助羅伊為更大的訴訟理由而戰：使得美國最高法院對此議題，提出了影響所有各州的強制力。隨後的幾十年中，麥科維對於她在案件中扮演的立場感到後悔，而成為反墮胎運動的擁護者。

87

	投票支持 布希（共和黨）	投票支持 高爾（民主黨）
由共和黨主席提名的大法官		
Rehnquist	✓	
Scalia	✓	
Thomas	✓	
O'Connor	✓	
Kennedy	✓	
Souter		✓
Stevens		✓
由民主黨主席提名的大法官		
Ginsburg		✓
Breyer		✓

布希訴高爾案（2000）中的美國最高法院大法官組成
U.S. Supreme Court Justices in *Bush v. Gore*, 531 U.S. 98 (2000)

Judges are biased.

法官存有偏見。

法官和陪審團透過將自己的經驗作為濾鏡，來理解事實。儘管他們努力做到公正無私，但他們終究無法完全意識到或完全摒棄自己的偏見。

88

"We are under a Constitution, but the Constitution is what judges say it is."

——CHARLES EVANS HUGHES

「我們處於憲法底下行事，但憲法仰賴法官詮釋。」

——查爾斯・埃文斯・休斯
美國最高法院大法官（1910-1916）、美國首席大法官（1903-1941）

89

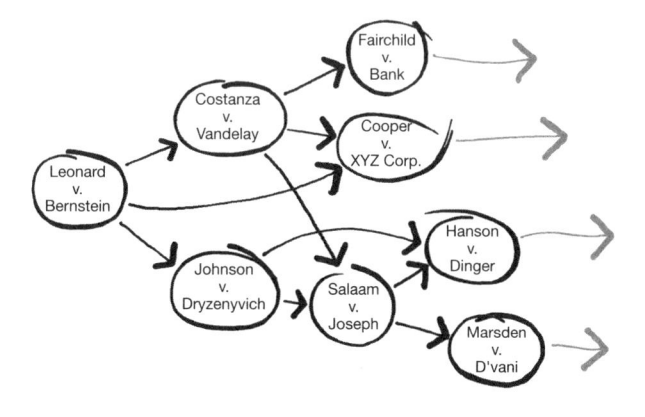

A legal ruling is the beginning, not the end, of the life of the law.

法律裁決是法律生命的起點，不是終點。

法院判決會以結案告終，但可能會影響未來的一系列案件。**遵循先例**（Stare decisis）──每個法院必須遵循自身先前的裁決，以及在管轄範圍內上級法院的裁決──可以確保法律是可預測的，類似的行為會獲得類似的判決，並且知道採取訴訟行為的結果。

90

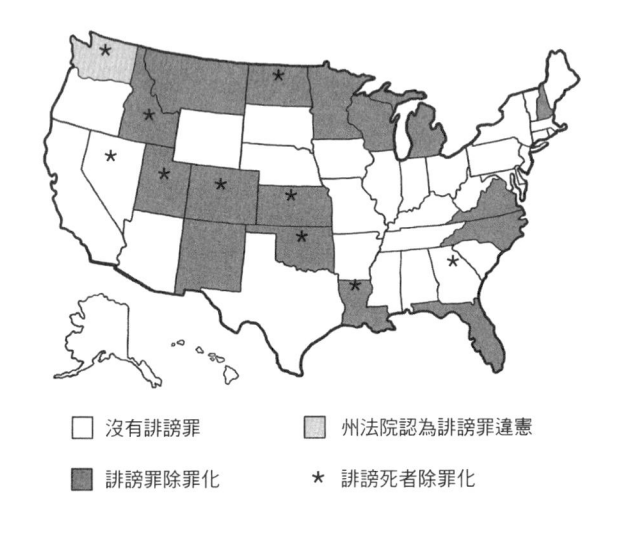

沒有誹謗罪   州法院認為誹謗罪違憲

誹謗罪除罪化   ★ 誹謗死者除罪化

States deliberately pass unconstitutional laws.

州政府故意通過違反憲法的法律。

許多過時的州法規，即使被美國最高法院宣布違憲，卻仍然保留在美國法律中。例如將雞姦和誹謗定為刑事犯罪的法規。如果向美國最高法院提起上訴，則依該州法院所定的罪可能會被推翻。

某些州會通過「**觸發法**」（trigger laws），來表示不同意美國最高法院對憲法的解釋。該法律中有條文規定：如果最高法院改變對憲法的解釋，這些法律將被觸發。許多州通過觸發法以禁止墮胎，以應對美國最高法院將來可能推翻1973年羅伊訴維德案裁決的情況[1]。

註1：觸發法，又稱為啟動法。如美國路易斯安那州2006年頒布墮胎權的觸發法主張：若是1973年承認憲法保護婦女墮胎權之「羅伊訴韋德案」（*Roe v. Wade*）判決被推翻，6個月內該州所有墮胎都將違法。

待指認的犯罪者照片是一張張顯示，而不是數張成組顯示，避免基於刪去法的選擇

目擊者被告知肇事者可能不在所見範圍內，來打消其選擇「最可能的」選項

照片編碼由電腦或與案件無關的警員做成，將可能受到警員引導而做出選擇的可能性最小化

目擊者指認的改革
Some recent reforms in eyewitness identification

Memory is a crime scene.

記憶是犯罪現場。

清白專案（Innocence Project）指出：經過DNA測試，超過3/4基於目擊者證詞被定罪的人是無辜的。目擊者證詞曾被認為相當準確，如今卻被認為記憶容易被後續的事件所扭曲。後續事件包括警察進行的訊問、照片指認、列隊指認。人們對犯罪的記憶就如同不受保護的犯罪現場。記憶的場景與犯罪空間相同，記憶也可能無可回復地被後來發生在同一空間的後續事件所改變。

92

羅納德・卡頓(Ronald Cotton)和珍妮佛・湯姆森(Jennifer Thompson)

無罪的羅納德・卡頓

白人大學生珍妮佛・湯姆森（Jennifer Thompson）在床上被入侵者襲擊。她仔細研究了強姦犯的特徵，並在照片指認的環節中將非裔美國人羅納德・卡頓（Ronald Cotton）認定為攻擊者。由於卡頓缺乏令人信服的不在場證明，而被審判定罪，並判處無期徒刑。

監獄中，守衛和其他犯人有時會混淆卡頓和與其外表相似的囚犯巴比・普爾（Bobby Poole）。此外，普爾誇口說自己犯了卡頓被定罪的罪行。後來，卡頓獲得重審的機會，但湯姆森仍認定他為襲擊者，而認不出法庭上的普爾。卡頓再次因湯姆森之強姦罪名入獄，加上另一椿也是目擊者指證的強姦案，卡頓被法院追加判處了無期徒刑，外加54年的有期徒刑。

回到監獄後，卡頓打算殺害住在同一間宿舍的普爾，但遭到父親的勸阻。第二次定罪七年後，卡頓的新律師要求對DNA證據重新鑑定。此時，剩下的唯一樣本是精子的頭部部分，而這足以證明普爾才是強姦犯。羅納德・卡頓在服役10.5年後被釋放。而普爾後來死於監獄。

卡頓被釋放2年後和湯姆森相識並成為親密友人。他們寫了一本關於他們經歷的暢銷書，並共同進行證人證言的改革運動。

93

"We don't see things as they are, but as we are."

———ANAÏS NIN

「我們看到的事物並不是他們本來的樣子，
而是我們的樣子。」

———阿娜依絲・寧[1]

註1：1903-1977，法裔美籍女作家，以情色文學與日記體而聞名。

94

Retributive justice
分配正義

根據犯行、犯罪所造成的損害、
犯罪者所獲得的收益，
依比例執行懲罰，
以使受害者和社群滿意

Restorative or reparative justice
恢復性或修復性司法

全面關注受害者、
社群、實行犯罪者的需求。
要求犯罪者承認傷害、
對傷害負責、修復傷害。

People act from a center of pain.

痛苦是人們行動的中心。

衝突中，人們很少依據理性、邏輯行動。一般來說，人會扭曲真相，由於害怕、被拒絕而憤怒抨擊，以及被誤解而感到挫折，並將低落的情緒歸究其他因素。通常，衝突不需訴訟就可解決，只需要確認各方不被打斷，充分聽取對方、自己的想法。人們通常在確定自己的意見被聆聽且理解後，仍秉持不同意見，而在知道原因後，能夠原諒錯誤。

95

There never was a Twinkie defense.

不存在甜點抗辯（Twinkie defense）。

丹‧懷特（Dan White）是舊金山議員，於委員會內受人尊敬。1978年，懷特就任現職幾天後，他經由一個沒人看守的窗戶進入市政廳，謀殺了哈維‧米爾克（Harvey Milk）和市長喬治‧莫斯科尼（George Moscone）[1]。懷特的辯護團沒有否認他犯罪，但主張懷特情緒低落且意識能力下降，無為一級謀殺之能力。精神科醫生從懷特由健康飲食轉向吃大量含糖的零食，證實其患有憂鬱症。陪審團同意考量懷特意識能力下降，判他故意殺人罪。刑期為七年。

該判決導致了公眾示威和騷亂，且最終造成加州廢除能力欠缺抗辯。記者嘲諷地將懷特的辯護稱為「甜點抗辯」（Twinkle defence）。該詞流傳至今，且仍被用來指一種不可能或高度可疑的防禦策略。不過，懷特的律師沒有論證是飲食導致其犯下了謀殺罪，只是以飲食證明了他的抑鬱。

註1：本案於案發隔年的5月，舊金山的同性戀團體，因不滿法院的判決，發起了超過千人的大遊行，以支持本案的被害人——於生前備受愛戴且為美國政壇中首位出櫃的政治人物——監督委員哈維‧米爾克，此遊行後來演變成失控的1979年舊金山騷亂。

96

"If only there were evil people somewhere insidiously committing evil deeds, and it were necessary only to separate them from the rest of us and destroy them. But the line dividing good and evil cuts through the heart of every human being. And who is willing to destroy a piece of his own heart?"

——ALEKSANDR SOLZHENITSYN,
The Gulag Archipelago (1973)

「如果只在某個地方有壞人，他們在那兒陰險地幹著壞事，而我們只須把他們區別出來、消滅就好了。然而，區分善惡的界線交錯在每個人的心上。誰能消滅掉自己心的一部分呢？」

——亞歷山大・索忍尼辛，《古拉格群島》（1973）

97

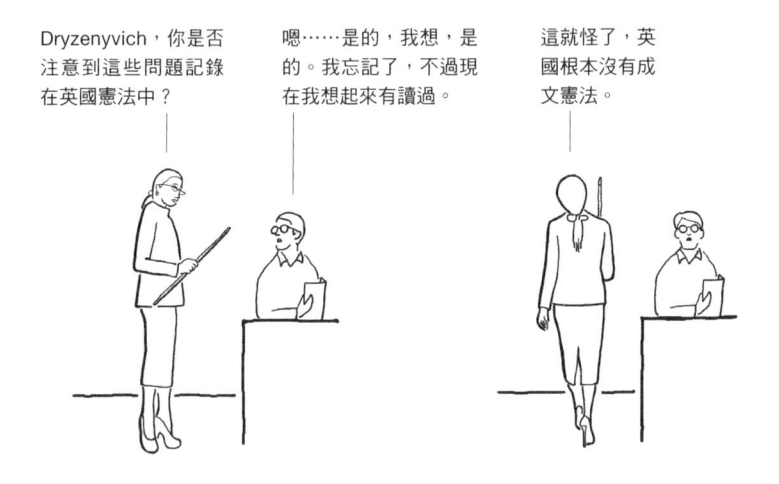

The other students are scared, too.

其他學生也很害怕。

法學院對每個人來說都很艱難，法學教授的要求往往苛刻且不清楚。保持無知和提出問題是生存的最佳工具。最好的問題通常是那些擔心會使自己顯得愚蠢的問題。其他學生也很有可能提出相同問題。還有另一件同樣重要的事，於課堂上公開發言，就是在法庭上公開發言的最佳練習機會。

98

Insurance
保險

Family
家庭

Land use
土地利用

Sports
體育

Arts
藝術

Marine
海事

Most areas of law interest have a corresponding area of law practice.

大多數法律領域都有相應的法律實踐領域。

法律是一項專業。律師從事各種領域的事務，包括醫療、體育、家庭、藝術、藥物管制、環境、美國原住民、監獄、媒體等等。

99

You have to *find* a mentor; no one is going to make you a protégé.

必須去「尋找」導師；沒有人會收你為門徒。

無論你多麼有才華，都不太可能會有人專程為你培養你的職涯。儘管許多組織都有正式的指導計劃，但長期的指導通常來自知識交流或個人層面的聯繫。

你多半需要主動出擊。向周圍的人提問。不用擔心與對方地位懸殊，大多數人喜歡被詢問意見，放低姿態有助於晉升職位。不過，為了便於他人回應，僅要求對方就特定問題提供意見。將關於生涯和法律哲學的大哉問，留待下班之後。

100

希拉蕊・柯林頓
Hillary Clinton

A career in law is continual preparation for a day that may never come.

從事法律這一行是在為可能永遠不會到來的一天持續做準備。

律師所做的每件事都必須認知其在審判中將如何能成立。律師很少在法庭上爭論。即使是專業的訴訟律師，也很少在法庭上花費時間，因為超過90％的刑事和民事案件都可以在審前透過認罪協商或和解解決。提起訴訟的目的不全是在於進行審判，而是要促使與對造和解、平息紛爭。

律師不只需要熱愛表演，更必須熱愛法律。

101

英文索引

（數字為篇章數）

中文索引

（數字為篇章數）

法律人的思考法則【暢銷經典版】
跟好律師學思辯、學表達，更搞懂了法律常識

作　　者　薇貝克‧諾加德‧馬丁 Vibeke Norgaard Martin
繪　　者　馬修‧佛瑞德列克 Matthew Frederick
譯　　者　路易
審　　訂　徐應松
封面設計　白日設計
內頁構成　詹淑娟
執行編輯　柯欣妤
企劃執編　葛雅茜
行銷企劃　蔡佳妘
業務發行　王綬晨、邱紹溢、劉文雅
主　　編　柯欣妤
副總編輯　詹雅蘭
總 編 輯　葛雅茜
發 行 人　蘇拾平
出　　版　原點出版 Uni-Books
　　　　　Facebook：Uni-books原點出版
　　　　　Email：uni-books@andbooks.com.tw
　　　　　新北市新店區北新路三段207-3號5樓
　　　　　電話：（02）8913-1005　傳真：（02）8913-1056

發　　行　大雁出版基地
　　　　　新北市新店區北新路三段207-3號5樓
　　　　　24小時傳真服務　（02）8913-1056
　　　　　讀者服務信箱 Email: andbooks@andbooks.com.tw
　　　　　劃撥帳號：19983379
　　　　　戶名：大雁文化事業股份有限公司

初版一刷　2020年10月
二版一刷　2024年11月

定價　380元
ISBN　978-626-7466-70-4（平裝）
ISBN　978-626-7466-67-4（EPUB）

國家圖書館出版品預行編目資料

法律人的思考法則 / 薇貝克・諾加德・馬丁（Vibeke Norgaard Martin）著；馬修・佛瑞德列克（Matthew Frederick）
繪；路易譯. -- 二版. -- 新北市：原點出版：大雁文化發行, 2024.11
224面；14.8×20公分
譯自： 101 Things I Learned in Law School
ISBN 978-626-7466-70-4（平裝）
1.法律 2.美國
583.52　　　113014289